まずは

アパート一棟、買いなさい！

最新版

不動産投資家
著 石原博光

SB Creative

はじめに

この本を手に取ってくださったみなさん、こんにちは。

不動産投資家の石原博光です。僕は2002年に日本で不動産投資を始め、日本とアメリカに不動産を持ち、2014年からアメリカに移住してそれらを経営しています。現在はカリフォルニア州でプロとして不動産売買の仲介業も行うようになりました。

この『まずはアパート一棟、買いなさい！』の初版は2010年に刊行されました。

刊行当時、不動産投資をこれから始める人向けの書籍というと、「都心の区分マンションから始めましょう」というのが半ば常識でした。その中で**「地方の一棟アパート、もしくは都心の築古一棟アパートにこそ勝機あり」**と説いたこの本は、ロングセラーとなりました。僕の手法は「石原式」と呼ばれ、資産家ではない普通の人が将来の経済的な安定を得るための最適な方法として、不動産投資の新しいスタンダードとなりました。僕のコンサルティングを受けたクライアントのみなさんはもちろん、読者のみなさんからも「やってよかった」という声をたくさんいただいたことは僕の大きな喜びとなりました。

初版で僕のノウハウのベースとなる部分はすべて詰め込まれていましたが、ロングセラーとして版を重ねるうち、日々変化する時代の流れに合わない部分も感じられるようになりました。そこで2016年に内容を大幅にアップデートした『[新版]まずはアパート一棟、買いなさい!』を刊行。こちらもみなさんの支持を受け、新旧合わせて27版を重ね、累計9万部を超えるベストセラーとなりました。

しかし激動の時代の流れは『新版』の内容をも過去のものにしていきます。2018年に起きた「かぼちゃの馬車」事件(序章41ページで詳述します)は、不動産投資に対する世間の目を厳しくし、2019年には消費税がついに10%になり、さらに2020年には新型コロナウイルスが蔓延して未曾有の混乱をもたらしました。1年遅れで東京オリンピックはなんとか開催されましたが、コロナ禍はいまだ収まらず、社会に明るい兆しは見えません。

そんな混迷の時代だからこそ、自分の将来を守るために一人ひとりが備えなければ――。不動産投資で将来の経済的安定を目指すこの本の役目はまだまだ終わってはいない。そんな思いで今回、ここに『最新版』を上梓する運びとなりました。

『新版』から大幅増補してさらに32ページを増やし、今回は巻末に「不動産業者や管理会社に聞くことリスト」「現地調査のチェックリスト」を付けています。

そして、『初版』から『新版』にバージョンアップした際と同様、**不動産投資において最も重要なパートとなる「融資」**については、内容を一新して10ページ以上もボリュームアップしました。不動産投資に積極的な銀行、不動産投資家の間で話題となっている銀行を紹介し、さらには融資を受けるコツも紹介していきます。ぜひ本書を参考に、不動産投資家として羽ばたいてもらいたいと願っています。

また、少子化による人口減により、空室対策も年々厳しさを増しています。満室経営に近い状態を維持していくことが僕の手法では欠かせませんから、最新の情報を元にそのための対策やアイデアを提示していきます。**安価で物件に付加価値を加えるリフォームの新しい事例や、たくさんの物件を抱える管理会社にいかに自分の物件のために動いてもらうか**など、こちらも大幅に内容をブラッシュアップしました。

ただ、中古不動産全体の価格の上昇と、不動産投資が市民権を得て実際に始める人が増えた結果、市場に出回る物件の利回りはますます低下しています。初版では購入する物件の目安を「利回り20％」としていましたが、新版ではそれを「利回り17％」とし、そしてこの最新版では「利回り13％」へとさらに下方修正することになりました。

今では高利回りの物件を見つけるのは難しくなってきているのは事実です。あっても地方の外れの郊外だったり、建物に相当な瑕疵があったり、一階が店舗で居住用物件として再生させるハードルが高かったりと、手を出しづらいものが多いのが現状です。

僕もそこまで手がかかってリスクの高いものをお勧めはしません。それよりも、値引きによって少しでも安く購入し、さらにリフォーム費用を安く抑えることで初期投資を減らして利回りを上げることが重要です。また物件価格が上昇する一方で、融資金利は下がっています。低金利で融資期間の長い、少しでも有利な融資を引き出せれば、月々のローン返済額は少なくなり実質の利回りは上がっていきます。この本ではそれらのノウハウをわかりやすく示していきます。

確実に言えるのは、高利回りに近づけていくことは努力次第で十二分に可能だということ。そこに今またこの本の最新版を出す意義もあるのかなと思います。

この本を世に出してから、僕自身の人生も大きく変化しました。

２０１４年の春に家族とともに渡米し、カリフォルニア州に生活の拠点を移しました。現在はアメリカに６棟を所有し、年間家賃収入は約10万ドル、総資産は約２００万ドル（住宅物価指数を反映した２０２１年８月時の期待現在価値 Expected Present Value：ＥＰＶ）です。１ドル＝１１０円として、年間家賃収入は約１１００万円、総資産は約２

億2000万円です。

アメリカで投資するに当たって4棟を売却しましたが、日本にも3棟43室を所有し、総資産約3億円、年間家賃収入は約3000万円になります。アメリカに住んでいても、日本の不動産を経営するのになんの不自由もありません。「仕組みさえ作ってしまえば手がかからない」という不動産投資のメリットを満喫しています。そうした遠隔操作のコツや、興味のある方には海外投資についても少し言及していきたいと思います。


僕が住むカリフォルニア州のベーカーズフィールドではデルタ株への罹患者が夏頃から増えていますが、高いワクチン接種率のおかげか死に至るケースがほぼなくなり、コロナ前同様の日常を楽しんでいます。いえ、コロナ禍の間の停滞を取り戻そうとするかのように、以前にも増して活発に経済が動き始めている印象です。

さて日本ではどうでしょうか？　この最新版を書いている2021年8月現在、東京では緊急事態宣言が続き、過去最高の新規感染者数を更新していると聞きます。飲食業界をはじめ多くの業界がダメージを受け、急場を乗り切るために休業支援金をはじめとした補助金、助成金、給付金など財政出動のツケは今後の増税となって跳ね返ってくるのは明らかです。

そうした低調な流れに身を委ねて、自分自身がなにも行動を起こさなければ、将来にわたって安定した生活が保障されることはまずないのは明らかです。

僕自身も将来への不安から、一冊の本をきっかけに不動産投資を始めました。

みなさんの将来の安定へ、勇気を持って一歩を踏み出すために、本書がその一助となれば幸いです。

著者所有の不動産物件

5件目の栃木県小山市のマンション。上は外観。下は3DKを約33畳のワンルームにリフォームしたもの

4件目の茨城県坂東市にあるマンション

6件目の栃木県下野市のアパート

現在の所有物件一覧

	購入年月	所在地・種別・間取り・世帯数	購入価格
	2002年8月	東京都目黒区に新築ビル（2LDK+S×1世帯、事務所×1）	数千万円
売却済み	2004年3月	千葉県旭市に中古二棟アパート（2DK×4世帯×2棟）	1600万円
売却済み	2004年5月	千葉県船橋市に中古ビル（2DK×4世帯、店舗×5）	4800万円
	2005年10月	茨城県坂東市に中古一棟マンション（2DK×13世帯、3DK×2世帯、4DK×1世帯、店舗×1）	数千万円
	2006年3月	栃木県小山市に中古一棟マンション（3DK×24世帯）	1億1000万円
売却済み	2007年4月	栃木県下野市に中古一棟アパート（2LDK×4世帯、1LDK×8世帯）	4150万円

もくじ

序章　なぜ不動産投資なのか？……19

第1章 地方の一棟アパートか都心の築古アパートを狙え！

第2章 買ってもいい物件、買ってはいけない物件

第3章 資産性が低くても、銀行から融資を引く秘訣……125

第4章 購入価格は自分で決める！ 値切りの交渉術

第7章 入居者さん、いらっしゃい! 満室経営を生む極意

第8章

入居者が決まったら、いざリスクに負けない運用を!

資金300万円から家賃年収1000万円までの道のり

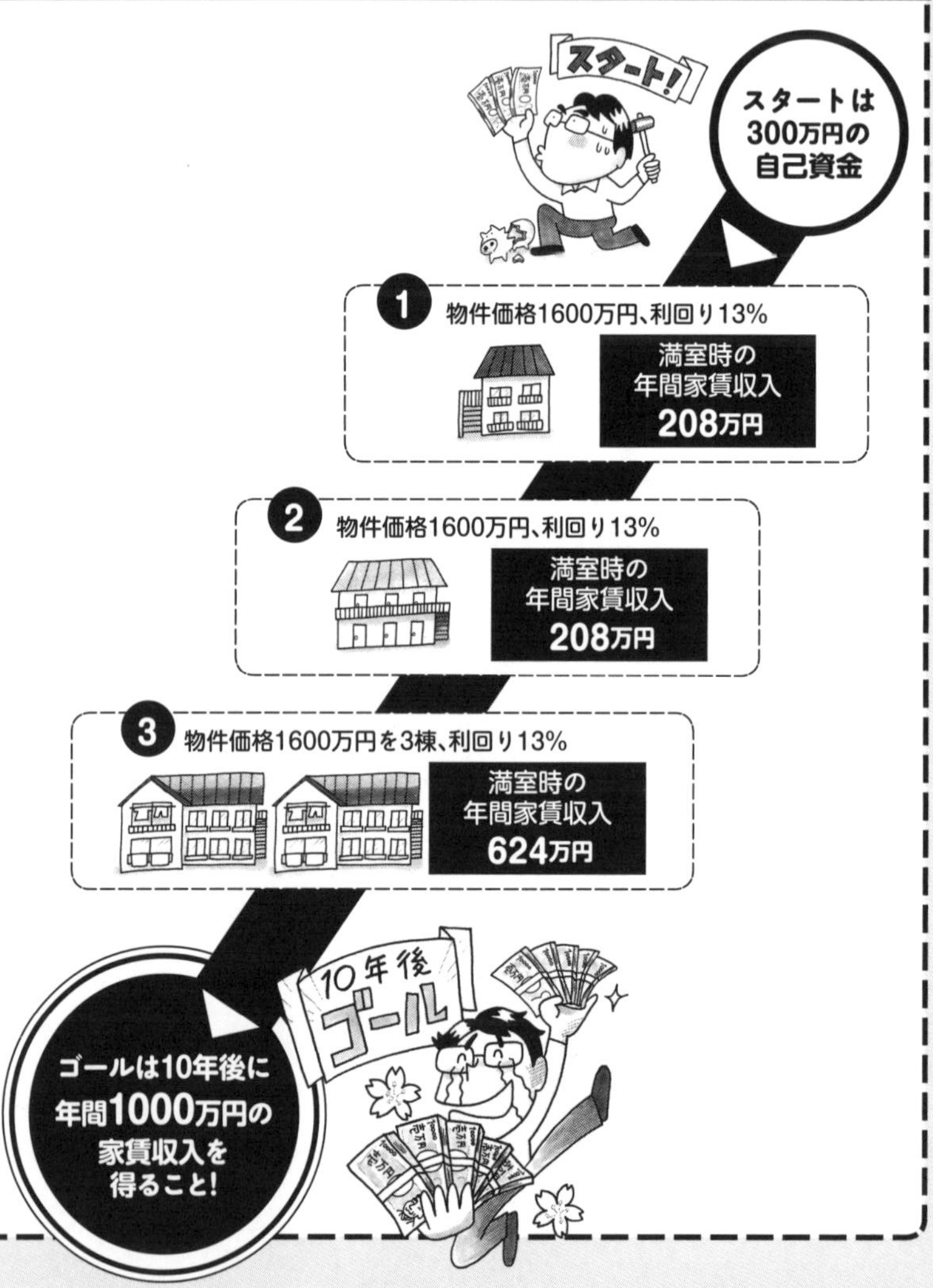

序章

なぜ不動産投資なのか？

1 国が方針を転換「副業をやりなさい」

前回、2016年にこの本の「新版」を刊行してから5年がたちました。

当時は、安倍晋三首相によるアベノミクスが2012年に始まって、長引く不況から景気の底を脱し、上向いていくのでは、という期待がありました。

しかし、アベノミクスが目指したように物価は多少のインフレ傾向にはあるものの、サラリーマンの給与は思うように上がらず、消費も伸びないまま……。2021年2月には日経平均株価が30年ぶりに3万円台を記録しましたが、バブル期のような好景気を実感している人はあまりおらず、コロナ禍での暗い話題ばかり。国税庁の『民間給与実態統計調査』によると、平均年収は2012年度からわずかずつですが上がり続け、2018年度は441万円でしたが、2019年度には436万円と再び減少に転じました。2020年度はコロナ禍によってさらに下がることが予想されています。

そうした不況に加えて、深刻な少子高齢化によって国民年金制度も危機に瀕しています。2000年に60歳から65歳に引き上げられた受給年齢はさらなる引き上げが検討され、支給額も2021年4月に4年ぶりに引き下げられました。今後も減額されていくことが確実視され、将来の不安は増すばかりです。

国はもう、国民の老後の面倒は見きれない!?

そんな中で、国も方針を転換。2017年に閣議決定された『働き方改革実行計画』のひとつとして、各会社が就業規則に定めることが多い『副業禁止規定』を削除しましょうと働きかけています。

つまり、**「今後はみなさん、副業を推進していきましょう」**ということです。

金融庁の『金融審議会』が2019年6月に明らかにした「老後30年間の資金として約2000万円が不足する」という試算が出て、いわゆる「2000万円問題」として騒がれたことは記憶に新しいと思います。**「老後の資金で足りない分は、自分の努力でなんとかしないといけないの!?」**そんな不安を抱いた人も多いのではないでしょうか。

今後は、なんの備えもしなければ、不自由な老後生活を強いられるのは確実でしょう。自分の身は自分で守らなければなりません。その将来への備えとして、また、今の生活を豊かにしてくれるものとして、僕がお勧めするのが不動産投資です。

なぜ不動産投資が最適なのか?　この章では、まずその仕組みと、メリットとデメリットを説明していきましょう。

2 不動産投資は副業、資産形成に最適

みなさんにとって「投資」というと、株式やＦＸ（外国為替証拠金取引）が身近な存在だと思います。近年はＮＩＳＡと呼ばれる少額投資非課税制度を活用して、節税しながら投資信託で運用できる「積み立てＮＩＳＡ」が注目を集めていました。

一方で不動産投資は、この本の初版時（２０１０年）から比べればかなり市民権を得てきたとは思いますが、まだまだ「危なそう」「素人が手を出すべきではない」というイメージが強いのではないでしょうか。スタートするための金額が株式投資などと違って桁違いに大きいですから、もし失敗したらと考えたときの恐怖感もそれだけ大きいのは無理もないところです。

でも、本当に不動産投資はハイリスクなのでしょうか？

不動産投資はミドルリスク・ミドルリターン

「投資」の一言でひとくくりにしないで、それぞれの特徴を少し詳しく見てみましょう。

株式投資やＦＸ、投資信託は、基本的には、銘柄（商品）を買い、それが買ったときよ

りも高値になったときに売って、売却益を得る投資になります。

対して不動産投資は、住居を買い入居者に住んでもらって家賃収入を得る投資です。

この投資としてのタイプの違いが、僕が不動産投資を勧める大きな理由です。

株式投資やＦＸの場合、10年間で資産を10倍以上に増やせる可能性がありますが、逆に、最初の1年間で購入した銘柄の価値が大幅に下落してゼロに近づいてしまうリスクもあります。まさにハイリスク・ハイリターン。そうしたものが「将来の経済的安定」を求めて行う投資としてふさわしいでしょうか？

もちろん世の中に大勢いる株式投資やＦＸ投資をやっている人が、大成功か大失

不動産投資はミドルリスク・ミドルリターン

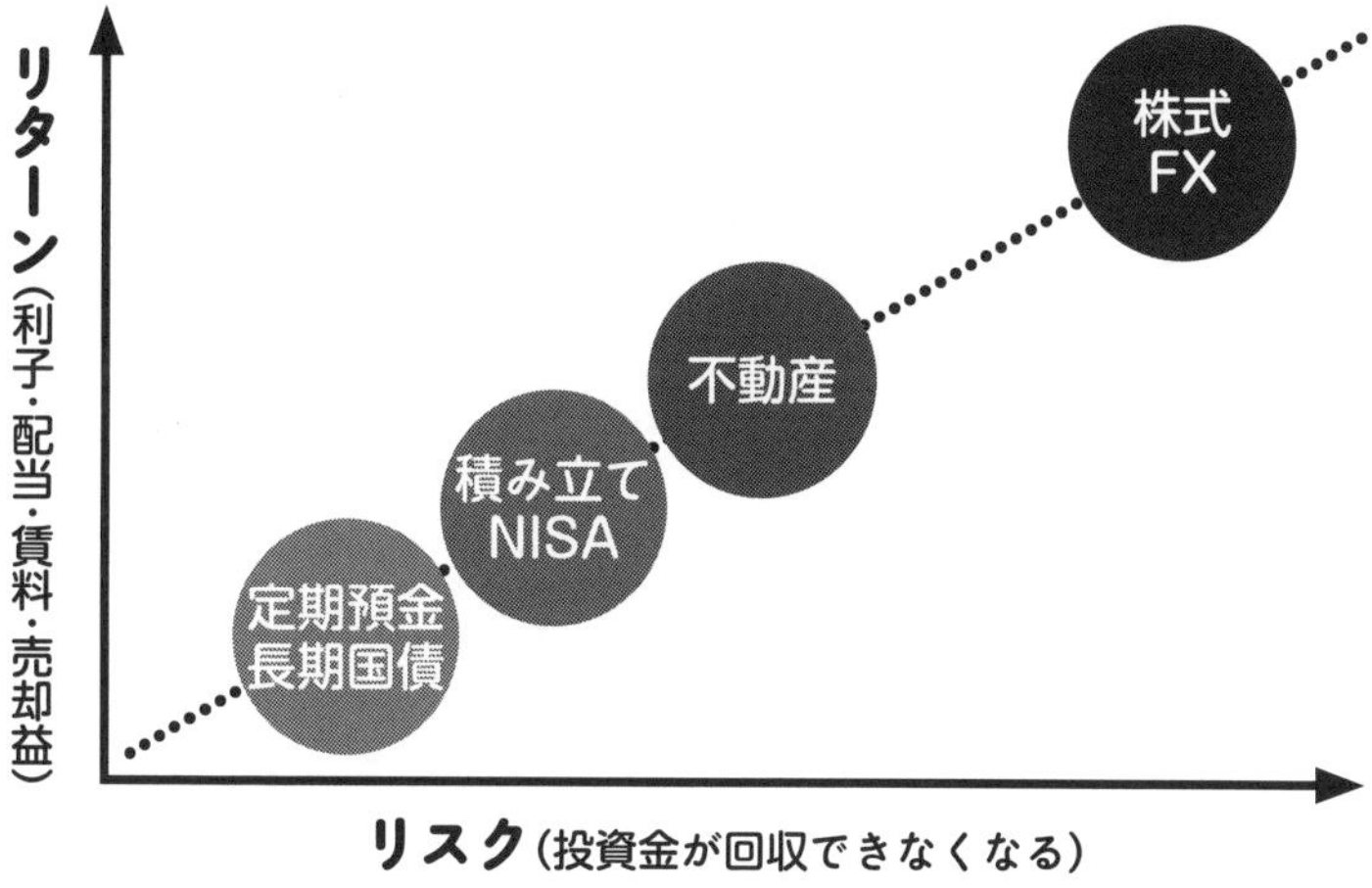

敗に分かれているわけではありません。ただ、リスクを恐れると、投資金額を少なくするか、堅実で値動きの少ない銘柄を選ぶことになり、大きなリターンは得られないでしょう。「資産形成」レベルの大きなリターンを得たいと考えたら、リスクも跳ね上がるはずです。

ちなみに極限までリスクを避けたローリスク・ローリターンの投資も世の中にはありますが、**定期預金や長期国債**などがそれに当たり、資産を失う可能性は限りなくゼロに近いですが、今の超低金利の時代ではリターンは微々たるもの。ましてやインフレを考慮すると、そのわずかな利益が吹き飛んでしまうリスクをもはらんでいます。**「積み立てNISA」**はこれらよりはリスク・リターンともに上がりますが、こちらも「将来の経済的安定」というレベルにはもの足りません。

不動産投資は、その中間にあるミドルリスク・ミドルリターンの投資です。

短期間に資産が2倍や3倍にはならない代わりに、購入した不動産の価値が下落したとしてもゼロになることはありません。例えば1000万円の物件を買って、10年後に売らなければならなくなったときに、半額の500万円でしか売れなかったとしても購入金額を丸ごと損するわけではありません。しかも、10年間に500万円の家賃収入を得ていたとすれば、損をしたことにさえならないわけです（10年間で500万円、1年間に50万円の家賃収入を得ていた場合、この物件の利回りは5％になります）。

「利回り」とは投資金額の1年当たりの回収率

投資の世界では、「利回り」と呼ばれるリターンについての理解が必要です。

1年間で投資金額をどれくらい回収できるかを「%」で表したものが利回りです。例えば1000万円の物件を買って、そこからの家賃収入が年間100万円であれば利回りは10%ということになります（この利回りについては、第1章で詳しく説明します）。

仮に今、あなたの口座に1000万円があったとします。これをメガバンクの定期預金にした場合、口座の現金はなくなりませんが、金利が0・002%しかありませんから利息は年に2000円で10年間預けても利息は2000円にしかなりません。

対して賃貸用不動産を買った場合、あなたの口座はゼロになりますが、利回り10%の物件なら理論的には10年で投資金額を回収できます（もちろん経費もかかれば空室期間もあるでしょうから、厳密にはもっと時間はかかります）。つまり、10数年後にはあなたの口座に1000万円が戻り、さらには不動産という資産を手にした上に、年間100万円が入り続けるということになります。

みなさんにはぜひ「危なそう」「素人には難しそう」といった先入観は捨てて、自分自身で不動産投資がハイリスクかどうかを判断してほしいと思います。

3 メリットはお金が借りられることと安定性

僕が考える不動産投資の最大のメリットは、銀行など金融機関からお金を借りて、つまり他人の資本で勝負できる点です。

これが株式投資やＦＸの場合、その資金を銀行が貸してくれることは１００％ありえません。たとえあなたが絶対に確実なインサイダー情報を持っていたとしても、銀行が相手にしてくれることはないでしょう。

しかし不動産の購入資金となると、購入する土地や建物の価値、または収益性と、借りる人や保証人の信用力を担保に融資を引くことが可能です。なぜなら前項でも説明したように、もしも借りた人がお金を返せなくなった場合でも物件の価値はゼロにはなりませんから、貸した側はそれを差し押さえることで貸し倒れのリスクを軽減できるからです。

そうしてローンを組むことで自己資金の5倍、10倍もする物件を所有することができますし、物件自体がすごく良かったり、借りる側の属性（勤務先や年収など）が良かったりすれば、物件価格の満額でローンを組むこと（フルローン）も可能性があります。つまり、わずかな自己資金で投資を行うことができるということです。

しかもこの借金は、利息を負担することによって、何十年にもわたって利用できることも大きな魅力です。**低い金利で長期間借りることができれば、返済しながらでも手元にお金が貯まっていきます**から、その貯まったお金を元手にしてさらに融資を引いて物件を買っていくことも可能になるのです。

返済さえ滞らなければ物件は手元に残る

株式投資やＦＸにも「信用取引」という、他人の資本を一時的に利用できる仕組みはあります。例えば株式の場合、現金や有価証券を証券会社に預けることにより、その約3倍の取り引きができるというものです。これを使うと、例えば１００万円の自己資金でも３００万円の株式を買うことができます。しかし、その銘柄が半値になった場合、信用取引で３００万円を買っていたとしたら評価額は１５０万円に。自己資金がすべて吹き飛び、マイナス50万円の状態になります。

自己資金だけでやっているならそのまま持ち続けて値上がりを待つこともできますが、信用取引の場合はそこで取り引きが打ち切られて50万円の借金だけが残ることになります。それを逃れるために追加で保証金（＝追証）を入れて……というのが株で破滅する典型的なパターンです。

不動産投資の場合は、たとえ物件の価値が半分になろうと、基本的には融資の返済さえ滞らなければ物件を取り上げられて借金だけが残るなんてことはありません（ただし契約書に追加担保提供条項があるときはその規定に従います）。

このように**金融機関からの融資が利用しやすい点、またその融資の仕組みが確立されている点が、ほかの投資よりも優位なところ**と言えます。

入居者を呼び込み「安定経営」の道へ

さらに不動産投資の魅力といえば、その安定性が挙げられます。

株式投資やＦＸの場合、銘柄の価値は経済状況によって日々変動します。数カ月で2倍、3倍になることもあれば、逆に2分の1、3分の1になることも珍しくありません。売買を繰り返して儲けるためには、膨大な量の情報を仕入れ、分析し、そのときどきで常に適切な手を打っていく必要があります。スピード感が必要な投資と言えます。

対して不動産の場合、経済状況によって家賃が毎月変動するわけではありません。2年の賃貸契約であれば、基本的には2年間は毎月同額の家賃がいただけます。もちろん長期的に見れば景気の影響を受けて、不景気のときは景気の良いときよりも家賃を下げなければ入居者は決まりにくいでしょう。

ただしその影響は非常にゆるやかですし、家賃相場に影響が出てくるのも時間がかかりますから、そうなることを見越して、家賃を下げても大丈夫なように資金を確保しておくなど準備することができます。

不動産投資では、いったん入居者に住んでもらい家賃を得るまでの仕組みを作ってしまえば、比較的堅調で安定性の高い経営ができるところが大きな魅力です。時間に追われるのではなく、のんびりと時間を味方につける投資と言えます。

投資家の間でも、若い頃に株式投資で稼いでいた人が、ある程度の年齢になってくると不動産投資に移行するという話をよく聞きます。でもその逆の話、不動産投資で稼いだ人があとで株式投資に移行するというのは聞きません。外資系の金融トレーダーなどが、20代や30代でひと財産を築いてリタイアするという話はよく聞きますよね。常に失敗できない緊張感の中で、情報を精査して決断を求められて、リターンも大きいけれどリスクも非常に大きい。そんな世界で活躍し続けるのはすごく疲弊し、難しいことなのでしょう。

同じ「投資」でも、**株式やＦＸはより「投機」の色が濃く、不動産投資は「事業」という性格が強い**ように思います。安定的に長期にわたって事業計画が立てられて、それを一生のなりわいとしていける。そういう手堅くて、何より過度の精神的な緊張を強いられずに運営できるビジネスだからこそ、不動産投資が注目を浴びているのではないでしょうか。

4 自分の努力次第で利回りを上げられる

さらに、不動産投資が株式投資やＦＸ投資などと比べて有利な点として、取得した物件の価値を自分自身で高められることが挙げられます。

株式やＦＸの場合は、外的要因で価値が上がったり下がったりして、対処としては買うか売るかしかできません。買った人がその銘柄の価値を高めるなんてことは非常に困難です。投入する資金の額によっては、大量の株を買い占めたり、その会社に役員を送り込んで経営に参画して会社の業績を上げたり、会社の価値を高めることはできますが、それは一般の個人のレベルでできることではないでしょう。

対して不動産の場合は、駅からの距離や日当たりといった「立地」に関してはどうしようもありませんが、**建物にリフォームを施したり、設備を充実させたりすることによって物件の価値を高め、「家賃の額を上げる＝利回りを上げる」**ことができます。もちろんそれなりに費用や労力はかかりますが、株を買い占めて会社に役員を送り込むことに比べれば、微々たるものと言っていいでしょう。

一見古ぼけた建物でも、外壁を塗装するだけで見違えるようにパリッとした印象になりますし、和室を洋室に変更したり、間取りそのものを変更したりすることで、物件はいくらでも生まれ変わります。トイレを温水洗浄機能付き便座に換えたり、液晶タイプのインターホンを付けたり、風呂なしの物件であればシャワーブースを設けたりすることで、物件の付加価値を高め、その分を家賃に反映させることができます。

その家賃を決めるのは大家である自分自身ですから、それだけ裁量権の大きい投資と言えます。また裁量権のある投資ということは、利回りを上げるだけでなく、サステナビリティ（持続可能性）に優れているということでもあります。**自分の努力で良い状態を持続させて、何か問題が発生しても傷が大きくならないうちに対処できる**ことが、不動産投資の有利なところです。

しかも企業経営などとは違って、市場動向に対応して変化し続け、常に最新のものを取り入れてなければ勝てないという世界ではありません。安定した収入を上げるための努力は無数にやり方があって、自分の物件の入居者になるのはどういう人か、入居者が何を求めているのか、知恵を絞れば絶対にそれは報われます。かけた費用の分だけ自分の物件の価値が上がっていくのがはっきりと見て取れますから、すごくやりがいがあります。

事業経営者としての手腕を思うように振るうことができ、それがダイレクトに利回りに反映されることが、不動産投資の醍醐味だと思います。

5 不動産投資は競争相手が少ない

僕が不動産投資を好きな理由として、不動産投資のプレイヤーは、株式投資やFX投資と比べると断然少ないことも挙げられます。

なぜ少ないかというと、単純に、金銭的な参入障壁が高いからです。一棟アパートではなく区分所有マンションや戸建てからのスタートだとしても、少なくても数百万円からの投資になりますし、この章の最初でも述べたように「素人には危ない」といった先入観があるために、始めるには相当な勇気が必要です。

もちろん、この本の初版が出た2010年、改訂版を出した2016年、そして2021年現在と、年を追うごとにプレイヤーが増え続けているのは事実です。ただ、それでもやはり、初版時に「本を読んだりセミナーに通ったりして知識を得ても、それを実際に行動に移す人は100人にひとりいるかいないか」と書きましたが、それが「100人にひとりかふたり」になった程度だと思います。

ですから不動産投資の世界は相変わらず、昔からの地主さんなど高齢な資産家がプレイヤーの大半を占めている状況は変わりません。僕が見聞きする範囲では、そうした資産家の方々で、賃貸経営についてよく勉強していらっしゃる方は非常にまれです。「更地や畑（農業相続人がいない場合）で持っているよりも賃貸物件を建てると相続税が下がる」といったハウスメーカーの口車に乗って（そのロジック自体は必ずしも間違いではないのですが……）アパートを建て、経営は管理会社任せというパターンが多いのです。

物件は建てたら終わり、買ったら終わりで、あとは勝手にお金を生み出してくれるわけではありません。本当に大事なのはそのあとで、いかに入居者を集めて、満室で経営していくかにかかっているのです。

ですから新規参入組にも十二分に勝機があります。たとえ参入した先によく勉強して経営に熱心な大家さんがいたとしても、その人と一対一で張り合うわけではなく、勝負する相手はそのほか多くの不熱心な大家さんです。また、全国大会の勝ち抜き戦でもないので、**あくまでその地域に限定して、あなたの物件が満室で埋まる程度に勝てばいい**だけです。

不動産投資はひとりだけが勝者になるようなものではなく、2番手、3番手でも勝てます。安心感があるというか、のんびりした世界です。二番煎じでも三番煎じでもいいんです。先頭を走っている有能な投資家がいても、あなたがその5年後に参入すれば、その人より5年分新しいリフォームができます。だから意外と、ちょっとした努力でも勝ちやすい。そんなところも不動産投資の魅力と言えるでしょう。

6 本業がある人、時間がない人こそ不動産投資

本業を別に持ちながらできるというのも、不動産投資の大きなメリットです。なぜなら不動産投資の場合、大家をサポートする体制がきちんと確立しているからです。入居者募集や家賃の徴収、入居者からのクレーム対応など、物件の管理は管理会社に任せることができます。リフォームも実際の作業をするのは工務店や職人さんなどのリフォーム業者です。大家としてやることは、意思決定だけです。

例えば、管理会社から「○号室で来月退去があります」と報告があれば、「リフォーム代をいくらまで払ってこうしましょう」と決め、「雨漏りが発生しています」と報告があれば、「至急で修理の手配をお願いします。保険が下りると思うので、修理業者さんには写真撮影をお願いしてください」と指示します。それほど時間を食う作業ではありません。「自主管理」といって、大家が物件の管理を自分でやるケースもあります。また、DIYが得意な人は、ある程度のリフォームは自分でやってしまうのもいいでしょう。その分のお金を浮かせて、ほかに回すことができます。それも大家の裁量ですが、本業がある人は管理やリフォームなどに時間と手間をかけるのは効率的ではないと思います。

僕は現在アメリカに住んで、現地で不動産投資したりアメリカでの不動産取引の資格を取得して売買を仲介したりとそれなりに忙しい日々を過ごしていますが、日本に残したアパートやマンションについてはメールや電話一本ですべてが滞りなく進んでいます。

不動産投資は決して楽なわけではありません。物件を購入して経営が軌道に乗るまではかなり大変です。良い物件を購入するために情報収集は欠かせませんし、これはと思ったら下見に行き、現地でさらに生きた情報を集め、売主と値段交渉をし、融資を取り付けるために銀行と渡り合ったりするのは、非常に大きなエネルギーを使います。また、どこの不動産会社に管理を任せるかの選定や、すぐにリフォームが必要であればリフォーム業者も決めなければなりません。多くの不動産会社に当たって話を聞いたり、相見積もりを取ったりしていく作業も、なかなか苦労するものです。

しかし、その苦労を乗り越えて物件を購入し、信頼できる管理会社とリフォーム業者が得られれば、それはすなわち**自分の「チーム」**になります。物件が稼働し始め、年々、チームでさまざまな案件をこなしていくにつれて、互いに信頼関係が強固になり「あうんの呼吸」も生まれてきます。**もはや物件を所有していることすら忘れてしまっていて、ただ毎月、口座に家賃収入がどんどん貯まっていく**……それくらいに楽な状態を作り出すことができるのも不動産投資ならではです。

7 不動産投資の5つのリスク

ここまで不動産投資のメリットを紹介してきました。しかし投資としてリターンが得られる以上、当然ながらそこにはリスクもあります。以下に、不動産投資にまつわる5つのリスクを紹介していきましょう。

❶空室リスク

これが不動産投資で最大の、しかも避けられないデメリットです。誰も住んでくれなければ家賃収入は得られませんし、たとえ利益が上がらなくても毎月の融資の返済は待ってはくれません。現金で買ったとしても、固定資産税や都市計画税、保険料（火災や地震）や共用部分の光熱費といったランニングコストがかかってきます。入居者のいる状態で購入し、その人がずっと住み続けてくれるというのはかなりのレアケースで、長く所有していればどうしても空室発生は避けられません。

ただし、大家の努力次第でその空室期間を最短に抑えることは可能です。いかに満室経営に近づけるかが不動産投資の成功のカギを握っていると言えます。

❷風評被害リスク

株式投資では企業倒産のリスクがあり、不動産投資の場合は倒壊、火事、地震といったリスクがありますが、保険に加入することである程度は対処できるので問題ありません。

ただし怖いのは、自殺や死亡事故、殺人事件などが起こった場合です。それが原因で退去が相次ぐことは十分に予想できますし、次の入居者に対して説明する義務が生じますから、空室が続くことも考えられます。それも事件や事故のあった一室だけでなく、一度悪い評判が立ってしまうと建物全体がいつまでも風評被害にさらされる危険性も……。

対応策としては、物件を複数持つことでリスクを分散することです。年間600万円の家賃収入を目指すなら、その収入が得られる物件をひとつだけ持つのではなく、200万円程度の物件を3件持つほうが戦略的には優れたやり方です。

❸流動性の低さ

株式投資やFXであれば、何かの事情で急に現金が必要になったらすぐに現金化できますが、不動産の場合はそうはいきません。高額な取り引きになりますから買い手も慎重ですし、売りに出してから決済まで、早くても1カ月はかかるでしょう。現金ではなく融資を受けてローンで買うということになると、さらに長引きそうです。

少しでも高く売りたいのは人情ですが、あまり高く売りに出すと当然ながらなかなか買い手は現れません。売り急ぐと買い叩かれます。結局、ほどほどのところで落ち着くのに、数カ月はかかるでしょう。ただし不動産に担保余力があれば、売却しなくてもそれを抵当に入れてある程度の資金調達は可能です。

❹取り扱う金額が大きい

不動産投資では取引金額が大きいので、万一失敗してしまった場合には容易にリカバリーができません。簡単に売れるものでもないので、すぐ見切りをつけて別の物件を買うというわけにもいきません。

また融資を受けて購入する場合、長期間返済の債務を負い続けることもリスクとなります。特に変動金利での返済比率が高い状態で借り入れした場合は、危険度が高くなります。そのリスクを嫌って自己資金の割合を増やせば、自己資金の大半をその物件に固定させることになり、予期せぬ支出や新しい物件の購入時に足を引っ張られる可能性も出てきます。

❺人づき合いのヘタな人には向かない

34ページで説明したように、賃貸経営は管理会社やリフォーム業者といったアウトソーシングに頼る部分が大きいです。彼らと信頼関係を築き、チームとして協力してもらうことが重要になります。自主管理でリフォームもDIYでやれる人はともかく、そうした対人関係を作るのが苦手な人にはリスクとなるかもしれません。

8 少子化と人口減少が進んでいても大丈夫？

少子化によって日本の人口は、２００５年に初めて前年からマイナスを記録。その後プラスに転じた年もあったものの、この本の初版が出た翌年２０１１年から本格的に減少のフェーズに入りました（総務省統計局のデータによる）。近年は毎年20万～30万人が減っており、これは茨城県の水戸市や福島県の福島市といった地方の県庁所在地のある都市の人口が1年でそっくり消えているということで、恐ろしい数字です。

つまり部屋を借りる人の数が減っていくわけで、この先、供給過剰で空室を抱えることになるのではないかと、不安に感じてしまうのも自然なことでしょう。

しかし一方で、２０１６年刊行の新版では「２０１９年には世帯数もピークアウトを迎えます」と書きましたが、総務省の住民基本台帳に基づく人口動態調査によると、実際は逆に２０１９年においても世帯数は増加しています。世帯数の内訳を見ると、世帯当たりの構成人数は減少しているものの、核家族化が進み、さらには単身世帯が増加していることが明らかです。特に高齢者の単身世帯が大幅に増えているのです。

賃貸需要には人口の実数よりも世帯数のほうが影響します。もちろん将来的には世帯数も減少することは避けられませんが（国立社会保障・人口問題研究所の推計によるとピーク は２０４０年）、ここ10年や20年でたちまち深刻な事態になることはないと思います。

ただしおそらくこの先、人口が集中するエリアと過疎化が進むエリアとの二極化がより進んでいくことでしょう。まずは過疎化が進むエリアを避けるだけで、空室リスクをある程度は回避できます。

そしてエリアと同じように、賃貸物件においても選ばれる物件と選ばれない物件の二極化が進んでいくと思います。

そもそもどんな商売でも、勝ち組と負け組とに分かれるものです。すべては需要と供給のバランスであって、需要が多い状態なら不熱心で努力をしていない人の物件にも入居者がつきますが、供給過剰の状態では努力しない人の物件が選ばれることはないでしょう。逆に熱心で努力を惜しまない人であれば、入居率が半分といったエリアであっても需要がまったくのゼロになることはないわけですから、そのわずかな需要をキャッチして空室を埋めていくことは可能だと思います。

どんな商売にも共通して言えることですが、たとえ市場が縮小したとしても、儲ける人は上手に儲けているものです。しかも先にも説明したように、不動産投資の世界では競争相手はそう多くはありませんから、それほどナーバスになる必要はないと思います。

9 「かぼちゃの馬車」事件以降の融資状況

２０１８年に世間を騒がせた「かぼちゃの馬車」事件、不動産投資に興味のあるみなさんなら記憶に新しいのではないでしょうか。「やっぱり不動産投資は危ない」と世間の目が厳しくなり、高まる不動産投資熱に冷や水を浴びせることになった事件でした。

この事件は、スマートデイズというサブリース会社が引き起こしました。サブリースとは、物件を一括で借り上げて一定の家賃を保証する仕組みのことです。「たとえ空室があっても満室家賃の90％を保証しますよ」（保証するパーセンテージは契約による）ということで口説き落とすわけですね。

「かぼちゃの馬車」とは、スマートデイズが運営する女性専用シェアハウスのブランド名です。といっても自前で物件を建てるのではなく、不動産投資家に物件を建築させ、その物件をサブリースで借り上げてかぼちゃの馬車として運営するという方式でした。

しかし、スマートデイズにとって、このサブリース事業は赤字でした。通常、サブリース契約というのは入居率が悪いと家賃の見直しが行われ、保証される賃料も下がっていくものですが、かぼちゃの馬車ではそれを行いませんでした。なぜかというと、「別のところ」

で大きく儲けていたからです。

それは建築費用のキックバック。業界の慣習として、建築会社に仕事を斡旋すると3％程度のキックバックを受け取るというのが相場ですが、かぼちゃの馬車の場合は、それをなんと50％も受け取っていたと言われます。

その費用を捻出するために本来は1億円で建てられる物件であっても、投資家から建築費として2億円を引き出していたのです。その際、サブリースの保証料に魅力がなくては投資家も話に乗ってきませんから、さも立派な実績を見せるために、たとえ赤字であっても保証料の見直しをしなかったというわけです。

しかしそんな無茶が長く続くわけもなく、スマートデイズは1053億円もの債権額を抱えて破産します。サブリースの賃料が未払いとなり、投資家も銀行のローンが払えず、返す当てのない大きな借金を抱えることになりました。そもそも本来より2倍の価格で建築しているために利回りが悪く、価値の低い物件ですから当然です。

スルガショック以降の融資姿勢

さて、この事件で投資家に融資を行っていたのが**スルガ銀行**でした。普通であれば、本来よりも倍に建築費が水増しされた案件に融資するなどありえないことですが、融資成績を上げるためにスルガ銀行もこのスキームに加担して、融資を行っていったのです。

結果、自殺者も出るなど追い込まれた投資家たちは集団で、「ずさんな融資が不正などビジネスを助長した」として、スルガ銀行に救済を求め２０１８年２月に裁判を起こす事態に発展しました。これが「かぼちゃの馬車」事件、不動産投資家の間では「スルガショック」とも呼ばれる事件のあらましです。

しかもスルガ銀行に続いて、そのほかの金融機関でも次々と融資や建築基準法での不正が明るみに出たことで、銀行業界全体としても引き締めにかかることになりました。

まさに、不動産融資「冬の時代」の到来です。とはいえ、銀行も生き残りをかけた厳しい時代にあって、不動産への融資という、物件を担保に保全を計りながら長期にわたって利息（利益）を得ることができるビジネスをこのまま凍結させるはずがありません。**厳しくなったといっても融資がストップしているわけではなく、再び不動産への融資に積極姿勢を見せる銀行も出てきています。**まずはショックから立ち直って新ルールを徹底し、それに基づいて少しずつ融資の窓が開き始めてきている印象です。

本書では第3章で詳しく、融資に積極的な銀行と、融資を受けるコツを紹介していきます。それを参考に、ぜひ不動産投資家として羽ばたいてもらいたいと願います。

10 コロナショックと不動産投資への影響

コロナショックは、不動産投資の世界でもさまざまな影響が見てとれます。

まず融資の面では、前項で説明したスルガショックをはじめとする不祥事により、不動産投資に対する世間のイメージが厳しくなり、金融庁も目を光らせて融資も引き締められたところに、コロナショックが追い打ちをかける格好となりました。

これは「コロナ禍だから投資家に対して融資をしない」というわけではなく、飲食や旅行、イベント、エンターテインメント業界など、直接に打撃を受けて危機に陥っている企業への緊急貸し付けなどで金融機関が対応に忙殺されたことが原因です。一時は明らかに「アパートやマンションの融資の審査どころじゃない」という風潮で、融資を引くのにことさら苦労した方が多かったそうですが、それも今はだいぶ解消されたと聞きます。

家賃保証会社の倒産、民泊需要は大打撃

賃貸経営面にも影響が出ています。目につくところでは、家賃保証会社の相次ぐ倒産です。「家賃保証」については252ページで詳しく説明しますが、入居者が滞納や夜逃げ

などを起こした際に家賃を肩代わりしてくれるサービスです（あとで家賃保証会社が入居者から取り立てます）。

２０２０年４月には、グローバル賃貸保証という家賃保証会社が、「コロナの影響」を理由に廃業。２０２０年７月には、ジャパンレントアシスト（ＪＲＡ）が、コロナの感染拡大により資金繰りが急速に悪化し、事業を停止しました。ただし、前者は代表者が別に経営していたエステ会社の減益が響いたという可能性があり、後者は高齢者や外国人に対しての保証を積極的に行うことで拡大してきた会社で、審査が甘いという噂もありました。

ほかの家賃保証会社はつぶれずに活動していますから、「コロナによる不景気で滞納が頻発して危ない！」ということではないと思います。

なお、賃貸経営は家賃保証会社に頼るところが大きいですから、グローバル賃貸保証やＪＲＡと契約していた大家さんは大変だったと思います。ほかの会社に切り替えればいいだけの話ではありますが、入居者全員分の審査がスムーズに進まない場合もあるでしょうし、新たに保証料が発生する可能性もあります。

また、感染が蔓延した都心では、東京都の住民基本台帳に基づく調査によると１９９７年からずっと人口が増え続けていましたが、コロナショックで２０２０年は微増にとどまり、２０２１年にはついに減少局面に入ったということです。

リモートワークが普及して都心近郊に住まなくてもよくなってきたり、逆にオフィスが郊外に移転するケースも出てきています。また外務省による防疫上の措置として、特段の事情がない限り上陸を拒否または検疫を強化するなど、日本国外からの人流を究極的に制限しているため、インバウンド需要は壊滅的です。当然ながら、民泊需要を当て込んでいた大家さんは大打撃を受けたと聞きます。

僕の物件でも、東京都目黒区の物件は法人が簡易宿舎として借り上げてくれていましたが、観光客の減少により退去になってしまいました。栃木県小山市の物件では、外国人の専門学校生を受け入れていたのですが、コロナで来日できなくなったということでその部屋がしばらく空室になってしまいました。都心ではなおさら、外国人を積極的に入居対象としている物件は苦戦しているようです。

ただ、小山市の物件では、日本人ファミリーが入居している部屋はこれまでと同じく出たり入ったりで、2020年は逆に空室が少なかったくらいです。影響は地域や物件によるのかもしれません。「コロナだから今は不動産投資はやめておいたほうがいい」とはならないと思います。

僕の住むアメリカのカリフォルニア州ではワクチン接種が進み、もはやアフターコロナの世界を感じさせます。日本も早くそうなることを願ってやみません。

第1章

地方の一棟アパートか
都心の築古アパートを狙え！

11 「表面利回り」にだまされない

いよいよこの章から僕の不動産投資手法の核心に触れていきますが、その前に投資において重要な指標となる「利回り」についての考え方を改めて説明しておきましょう。

売り物件の情報を眺めると、投資用物件であればそこには満室想定の利回りが記されていると思います。2000万円の物件で、満室で稼働すれば年間200万円の家賃が得られるなら、「利回り10％」という具合です。

ただしこれは「表面利回り」と呼ばれる、文字通り表向きの数字であって、実際にその利回りで運用できると思ったら大間違いです。極めてざっくりと計算して、購入時に諸費用が1割上乗せされるとして、それだけで利回りは9％に低下します。

さらに火災保険料や地震保険料、管理会社に支払う管理料、共用部分の光熱費、固定資産税などの税金といったランニングコストも地味に利回りを下げていきます。保険を安価な共済で済ませたとして、これらをざっくり合算して年間20万円とすると、年間収益が180万円に下がります。それで計算し直すと、購入費用が2200万円で、年間収益が180万円ですから、この時点で利回りは8・2％まで低下してしまいます。

そしてさらに忘れてはいけないのが、ローンの支払いです。頭金ゼロのフルローン（除く諸費用）、固定金利1％で30年長期の融資を引けた場合……その年間支払額は約77万円。つまり年間収益が１０３万円に下がるということで、再び計算すると実質の利回りは４・7％という数字が浮かび上がってきました。

しかもこれは固定金利1％で30年という、相当に条件の良い融資を引けた場合です。もっと高い金利だったり、返済期間が短くなったりすれば、さらに実質利回りは低下していきます。またこれは、空室期間もリフォームも計算に入れていません。退去が発生すれば空室期間ができますし、リフォームも必要になります。前のオーナーが手放す中古物件ですから、もしかしたら購入直後に大規模なリフォームが必要になる場合もあります。世の中には表面利回り20％、30％なんていう物件もありますが、そういうものは得てして大規模リフォームで実質利回りが大幅に下がる場合が多いので、そのような認識が必要です。

僕の感覚的な数字ですが、**「実質利回り」は「表面利回り」からだいたい4～5％引いたところに落ち着く**ように思います。物件を売る側は当然、高く売りたいために見栄えの良い表面利回りで話を進めていきます。不動産投資で失敗するケースというのはほぼ、この表面利回りを鵜呑みにして甘々な事業計画を立てた結果です。くれぐれも表面利回りにだまされず、実質利回りを極めてシビアに見るようにしてください。

12

資産よりも「稼働産」を買うべし

不動産は読んで字のごとく「動かない（動かせない）資産」です。しかし利益を生んでこその「資産」ですから、入居者を呼び込んで「稼働」させなくてはなりません。単に所有するだけでは、固定資産税や火災保険料だけを取られていく負債となってしまいます。

ですから僕は、投資すなわち事業として購入する不動産は、**稼働して資産を生み出す「稼働産」**でなくてはならないと考えます。よく「資産価値」という言葉を耳にしますが、極論すればそんなものはゼロでもかまいません。「売ったらいくらになる」という価値よりも、「継続的にどれくらいの現金を生み出してくれるか」という稼働力（＝収益性）を重視することが大事だと思います。

例えば都心の渋谷駅徒歩5分の立地に、売値が6000万円の中古区分所有マンションがあるとします。超一等地の物件ですから家賃は25万円、表面利回りは5％とします。一方、地方に2000万円の一棟アパートがあるとします。郊外で地価の安いところで、買値も安く、表面利回りは満室で15％あるとしましょう。

さてこの2つの物件、資産としてはどちらに価値があるかは一目瞭然ですね。ところが収益で見た場合、ともに年間家賃収入が３００万円ですからまったくの互角。ということは買値が安い分、「稼働産」としては地方の一棟アパートのほうが優秀といえるでしょう。

都心の一等地のマンションとなれば資産性は高く、所有欲も満たされると思います。でも資産性と収益性とは必ずしもイコールではないどころか、むしろ反比例する場合が多いのです。この例の渋谷の区分マンションでは、融資を引いて購入したら実質でおそらく月に１万円くらいしか収益は上がらないでしょう（９割の５４００万円を金利１％、期間30年で融資を受けた場合。必要経費を差し引いた税引前の手残り）。これでは将来にわたって生活を豊かにする収入の柱にはなりません。ましてや修繕積立金や保険料の値上げや賃料の下落、空室やリフォームのいずれが発生しても即刻赤字に転落してしまいます。

もちろんこれを現金でポンと買って、なおかつまだまだお金が余っているような人にとっては、入居付けも困らないし良い買い物だと思います。つまり所有欲が満たされるような資産性にこだわるのは、金持ちがやればいいこと。**持たざる者は資産そのものではなく「資産を生み出す仕組み」を、すなわち「稼働産」をまず手に入れるべき**なのです。

まずは稼働産を手にして現金を貯め、さらにまた同じように稼働産を増やしていく。そうして将来、資金に十分な余裕ができたところで、収益性は低くても資産性が高く、安心感があって所有欲も満たされる物件に組み替えていけばいいのです。

13 まずは一棟アパートから始めるべし

初心者向けの不動産投資本には、自己資金の少ない人に対して、「まずは手軽な都心のワンルーム区分マンションから始めましょう」と書いてあるものが数多くあります。

ワンルームマンションなどの区分所有権であれば、築年数の古いものだと700万～800万円くらいから豊富に出回っていますし、都心であれば入居付けにもあまり苦労しないでしょう。そうしてワンルームを増やしていって、資金に余裕ができればアパート一棟を狙うのもいい。それが「不動産投資の王道だ」という人もいます。

それはひとつのやり方として間違いではないと思いますが、僕の提唱するやり方は、そうしたいわゆる「王道」の投資法とは違います。

「将来の経済的安定」というレベルで投資をするなら、最初からアパート一棟を狙うべき。

そう断言します。

なぜなら都心の区分所有マンションを増やしていくやり方では、投資効率が悪いからです。700万～800万円の物件なら1部屋当たりの家賃は5万～6万円でしょうから、仮に年間家賃収入200万円を得たいとするなら、3回も4回も物件を購入して稼働するまで持っていかなければなりません。

物件の調査、売主との交渉、金融機関との折衝、管理会社の選定、リフォームなど、物件を取得して稼働させ始めるまではものすごく労力を必要とします。しかし4世帯の入っているアパートだったら、4部屋が1回の手間で手に入りますから、非常に効率的です。

また都心の区分マンションは比較的、安定した収益が見込めますが、その分、総じて利回りが低めなのも、僕がお勧めしない大きな理由です。

都心であれば表面利回り8％でも高利回りといわれるくらいですが、それでは物件価格分を回収するのに、実質利回りで考えると20年以上もかかってしまいます。さらにマンションの場合、管理組合の管理費（管理会社の管理料とは別）や共用部の修繕積立金も引かれますから、ヘタをすると30年もかかってしまうかもしれません。

いくら安定しているからといって、都心の区分マンションを3～4室運営して、何十年もかかってようやく「無借金の状態で年間家賃収入200万円が手に入った！」と喜んでも、それはうまみのある投資とはいえないと思います。

一棟アパートなら稼働させるまでのプロセスは一度だけ

不動産投資とは「将来の経済的安定」のために行う事業なのですから、いかに効率的に収益を上げるかが大切です。理論上は、儲けるなら利回りが高いほど有利です。ただ利回りの高い物件にはそれなりのリスクがありますが、それはたいてい経営者の努力次第で回避できるものだと僕は考えています。

僕はこの本で、今の日本の経済状況で将来に不安を感じている人たち、特に低所得層の人たちが「将来の経済的安定」を得るために、最適だと信じる方法をお伝えしていきます。お金持ちにはお金持ちの、持たざる者には持たざる者の戦い方があります。持たざる者はスタートラインから不利な状況ですから、月並みな戦い方ではダメです。解消できそうなリスクは進んで取り、知恵を絞って努力することで将来を切り開かなければなりません。

ですから、やるなら最初から一棟アパートです。

それも**少なくとも利回り13%以上、できれば17%以上の高利回りの物件**を狙います。

もしも物件価格1500万円で利回り13%のアパートを手に入れることができれば、実質利回り8%程度で運営できます。管理組合への管理費や、強制される修繕積立金がないのもアパートの良いところです。**満室で運営できれば12～13年で物件価格の回収を終え、無借金の状態で年間家賃収入200万円の稼働資産が手に入る**ことになります。

しかも最もエネルギーを要する、購入して稼働させるまでのプロセスは一度で済みます。一棟アパートがいかに効率よく儲かるかがおわかりいただけるのではないでしょうか。

14 投資を始める前に戦略目的を設定すべし

一口に「将来の経済的安定」といっても、どれくらいの収入があれば安心できるのかというレベルは人によると思います。「年金とは別に毎月10万円あればいい」という人もいれば、「年金なんてあてにできないから毎月50万円は必要」という人、さらには「年間で1000万円は欲しい」という人までさまざまでしょう。

もしも「年金とは別に毎月10万円」でいいのであれば、家賃6万円程度の都心の区分所有マンションを2、3部屋運営していけばいいだけです。個人的には、日本の状況を長期的にイメージして「プラス毎月10万円」では不安ですが、そこは人それぞれです。

僕が考える経済的な安定を得られるレベルとは、**年間家賃収入を1000万円、市場価格数千万円の実物資産（不動産）を保有すること**です。1000万円という数字は、あまり所得が高いと累進課税で支払う税率が高くなるのと、それだけあれば日本の経済状況がどんなに悪くなっても家族が食べるのに困らないだろうということで設定しました。

購入する物件の利回りを13％とした場合、次の3ステップで達成できるイメージです。

❶**1600万円のアパートを1棟購入**（利回り13％で満室時の年間家賃収入208万円）

❷次にもう1棟、同じく1600万円のアパートを購入する

❸1600万円のアパートを3棟購入（利回り13％で満室時の年間家賃収入624万円）

もう少し具体的に説明しましょう。最初の**❶1600万円で利回り13％の物件**は、低金利で長期のローンを組んで、繰り上げ返済はほどほどにして資金を蓄えます。その蓄えた資金を元手に、数年後にまたローンを組んで、**❷1600万円の同じような利回りの物件を購入**します。その2棟のアパートを稼働させてさらに資金を蓄え、8～9年後にかけて、**❸同規模のものを3棟、もしくは2400万円で利回り13％のものを2棟購入**します。

そうすれば**10年後には、「年間1000万円の家賃収入」**という目標を達成できます。

これは理想的に進んだ場合ですが、決して非現実的な話ではありません。現に僕はそうやって物件を増やしていき、5年目には年間家賃収入5000万円を達成しました。

もちろんこのシミュレーションは、みなさんもお気づきかと思いますが、表面利回りで計算しています。保険料や管理料、固定資産税と都市計画税、共用部の電気代、さらにリフォーム代、融資の返済などの必要経費は考慮に入れていません。ただ、満室で経営できれば、家賃収入として年間1000万円があなたの口座に入ってくるのは確かなことです。必要経費はそこから出ていくお金ととらえることができます。

年間家賃収入の目標を達成して、もう物件を増やさないと決めれば、ローンの残金は繰り上げ返済してしまえばいいのです。融資の返済がなければ出ていくお金はグッと減り、**「市場価格8000万円（1600万円×5棟）」の実物資産（不動産）を保有した上で、名実ともに「年間家賃収入1000万円」**に近い状態になると思います。

不動産投資は事業ですから、あらかじめ長期の事業計画を描いてから始めるに越したことはありません。投資の目的地がどこにあるかによって、取るべき戦略は違ってきます。

既に説明したように、手持ち資金の少ない人が近い将来に年間家賃収入1000万円を目指すなら、最初に都心の区分所有マンションを買うべきではないのです。

もしも「年間家賃収入400万円」を目指すのであれば、2棟目を買い進めた時点で終わりにすればいいでしょう。その規模ならば利回り13％でなくてもいいと思います。利回りの高いものは「築古」「修繕費用」「空室」などそれだけのリスクがありますから、2000万円で利回り10％の物件を2棟買って、満室に近い経営をしていけばいいわけです。

自分の目標が明確であれば、それを達成するために適切な戦略を描くことができますし、個々の物件をどういった戦術で経営していくかも自然と答えが出てくるでしょう。

あなたは10年後、もしくは20年後、どれくらいの収入を得ていたいですか？　それを自分自身に問いかけてみることから始めてください。

15 実質利回りは最低でも8%以上を死守

この本の熱心なファン（?）の方であれば、前項で紹介したシミュレーションの利回りが改訂版ごとに下がっていることに気がつかれるかもしれません……。

２０１０年にこの本の初版を出したときは、まだまだ利回り20%といった、今となっては超高利回り物件も市場に珍しくなく、シミュレーションも利回り20%で行っていたものでした。２０１６年に改訂版を出したときは、さすがに20%の物件は「よくよく探せばあるかもしれない」というレベルになっていて、シミュレーションは現実に則して17%に下げざるをえませんでした。そして今回は、さらに13%に下げての計算になりました。

高利回りの物件は、年を追うごとに市場に少なくなってきています。なぜなら、**中古不動産価格が上昇しているので、全体的に利回りが下がっている**のです。

これは大きな市場の流れですから、投資家側がどうすることもできません。与えられた状況で勝負するしかありませんし、それでも勝つ方法は無数にあります。少なくとも不動産投資を始めるにはもう遅すぎるということはないし、挑戦しなければもったいないと考えます。誤解を恐れずに言えば、利回りが下がる（売値が上がる）流れは、古くなっても収益を上げていれば、需要があることの証左です。永遠に下げ続けることはない不動産であればこそ、底値で購入できたらリスクもミニマイズできるのでは?と思います。

さて、実際に市場に出回っている中で狙うべき高利回りは、前項のシミュレーションのように**13%というのが現実的なライン**かなと思います。なかなか探すのが大変だと思いますが、数を当たることと、交渉術を駆使することで、このベンチマークを目指します。

ただし世の中には表面利回り20%や30%なんて物件もあります。例えば地方のロードサイドにある、1階が元レンタルビデオ店で2階が事務所や住居になっている建物(廃墟のような)を想像してください。これをリフォームで再生して稼働させるのはかなりハードルが高く、リスクも多大で、実質利回りもだいぶ落ちていくと思います。

とはいえ世の中は広いもので、2019年に僕のウェブセミナーに参加した秋田在住の方は、2015年に地元で投資をスタートして、そうした手のかかる物件を販売価格よりさらに安値で買い、表面利回り40~50%で、数年で複数棟を買い集めて、見事に再生して運営を軌道に乗せ、さっさとリタイアしたそうです。そんな高利回りの物件があるところにはまだあるし、やはり一棟丸ごとへの投資は圧倒的に効率も良いことがわかります。やる気と努力次第で不可能はないのだなと、改めて思い知らされました。

確かに利回りは昔より下がっています。都心部では表面利回り10%の物件すら、ゴロゴロあるとも言えない状況です。今や初版時とは違って、**高利回り物件は「探す」のではなく、「自ら作り上げる」**ものなのかなと思います。なるべく値切り交渉（第4章）をし、安くリフォームを行う（第6章）、そのノウハウはのちの章で説明していきます。

また、昔よりすべての状況が悪くなったわけではなく、**利回りが下がっているのと同時に銀行の借り入れ金利も昔よりだいぶ下がっています。**2010年の初版時は金利3％なら御の字でしたが、今や2％台は当たり前で、1％を切って借りている人もザラにいます。ですから初版時は「実質利回りは表面利回りから5〜6％下がる」と説いていましたが、今回は「4〜5％」と改めました。

さて繰り返しになりますが、これだけ利回りが低くなった現在では、**実質利回りをシビアに把握する必要**があります。今の時代で、**絶対に死守しなければならない実質利回りは、表面利回り13％から5％（融資金利を含む、年単位の経費）を差し引くと、ズバリ8％**です。本当はもっと欲しいところですが、そこはリスクとのトレードオフですから、バランスを考えてここを基準としました。では8％以下はどうか？と言えば、持たざる者が「近い将来の経済的安定」を求める投資としてはとても成り立たないでしょう。

この8％を最終防衛ラインとして、やる気と経営努力でいかに実質利回りを10％台に近づけていくか。それが成功のカギとなるのです。

16 狙うは地方か、都心の築古一棟アパート

それでは具体的に、「年間家賃収入1000万円」という目標を達成するために、どういう物件を買うべきなのかについて説明しましょう。

狙いはズバリ、以下の2つのどちらかです。

❶地方の一棟アパート

❷都心ならば築古の一棟アパート

いずれも購入価格1000万～2000万円の間で、表面利回りは13％以上。もちろん高いほど望ましいですが、同時にリスクも高まることは忘れずにおきたいものです。

アパートで1000万～2000万円の物件というのは、不動産投資の世界ではかなり安価な部類です。それほど所得の多くない人であれば、そのあたりが現実的に買えるラインだと思います。そうした安価な物件でも、55ページの例のように4棟ないしは5棟と買い増していけば、年間家賃収入が1000万円くらいになります。また資産を分散して持つことは、それだけリスクも分散されることになります。

なぜ地方なのか、なぜ都心の築古なのかというと、これは単純に、その条件でなければ利回り13％という条件を満たすことが難しいからです。**利回りの高い物件というのは、言い換えればそれだけリスクの高い物件**ということです。そのリスクをしっかり見極めて、**努力によって克服できるのであれば、むしろ積極的にリスクを取っていこう**というのが、僕の提唱するやり方です。

まず地方の場合は、都心のように人がどんどん集まってくるわけではないですから、入居付けに不安があります。半分以上も空室で売りに出されているような物件も多く、それでは買い手がつかず、必然的に安価で利回りも高くなるというわけです。

しかし空室率が高い地域であっても、満室経営を行っている人はいます。また、地方の場合は序章でも説明したように、のんびりした資産家の高齢大家さんが多いですから、手ごわい競争相手が少ないということもプラス要素として挙げられます。

逆に都心の築古物件の場合はどうかというと、地域としては賃貸需要が見込めるので、立地が悪くなければ入居付けの苦労はさほどのリスクではないと思います。

ただし、都心で1000万〜2000万円で買える築古物件は、築40〜50年が経過し「法定耐用年数」を過ぎた物件に限られると思います。法定耐用年数は、新築木造住宅の場合は22年と決まっています。これはあくまでも税法上の概念ですから、その期間を過ぎたら住めない、建て替えなければならないわけではなく、世の中には築50年や100年の家もゴロゴロあります。そしてこうした築古物件は、短期間で減価償却が取れるため、節税目的での購入層も存在しています。しかし古くなるほど対外的な鑑定評価となる「経済的残存耐用年数」が損なわれるため、金融機関の融資が付きづらいのがデメリットです。

また、あちこちガタがきてボロくなっているので手をかけてリフォームをしていないと、入居者にも敬遠されがちです。そのために安価で売りに出されるのです。

しかし金融機関がどう評価するかは、入居者には関係のないことです。どんなに築古になろうとも、建物には住めるわけですから。外壁塗装からきちんとリフォームして、魅力的な物件に生まれ変わらせることができれば、築年数はそれほど関係ないと思います（若い女性などは気にする人が多いかもしれませんが……）。また都心の築古物件のいいところは、地価は高いけれども面積は狭く、建物の価値もほとんどゼロなので、それほど固定資産税が高くないことも挙げられます。

具体的にどうリフォームしていくかは第6章で説明しますが、都心ならば人が集まって比較的需要はあるわけですから、十分に勝負できます。どちらかというと最寄り駅の乗降者数の多さや駅からの距離など、いかに便利な立地にあるかのほうが重要で、それさえよければ建物の難はある程度は吸収してくれると思います。

17 マイホームも投資物件も両方欲しい！

僕が人から相談を受けることのひとつに、「不動産投資を始めるのとマイホームの購入と、どちらを優先すべきでしょうか？」というものがあります。

結論から言えば、**マイホームの購入はあと回しに**すべきだと僕は思います。

なぜなら物件を買っていくためには融資が不可欠ですが、金融機関はたとえマイホームの住宅ローンであってもそれを負債としてカウントするため、融資を引く際の足かせとなってしまうからです。金融機関からの融資枠には限りがあるわけですから、お金を生み出す借り入れに資金を集中させるほうが得策です。

ただし金融機関によって、また担当者によっては、マイホーム取得者を「持ち家のあるしっかりした人」と見る向きがあるので、たとえローンが残っていても持ち家がプラスに働く場合もあります。金融機関で審査を担当する上の役職には年配者も多く、そのように考える方が一定数存在するのは確かなようです。

それでも、僕はやはり不動産投資を優先すべきだと思います。銀行でどんな人が融資の審査をするのかはわからないですし、今300万円を持っている人がそれを頭金に

3000万円のマイホームを買って、ローンを払いながら再び不動産投資用に300万円の頭金を貯めるのは大変なことでしょう。だからマイホームが欲しくても、先に不動産投資をしてお金を作る仕組みを作り上げてからのほうがいいと思います。

マイホームと賃貸経営が両立できる「賃貸併用住宅」

ただし、そうドライに割り切れないのが人生というもので、「欲しいときが買いどき」ということもあります。例えばやんちゃ盛りの小さいお子さんを持つ人ならば、賃貸アパートで暮らすよりも、庭のあるマイホームで伸び伸びと育てたいという気持ちはわかりますし、そういう人にとっては、持ち家の環境は「プライスレス」でしょう。また奥さんが専業主婦であれば、一日で最も長く過ごす場所が家になるわけです。家族の協力を得るという意味では、投資に先走ってしまうのはよくない場合があるかもしれません。

そこでひとつの提案として、**「賃貸併用住宅」**というものを紹介しましょう。

住宅街を歩いていて、いかにも箱型のアパートやマンションだけれども1階部分が庭付きの家で、上の階は集合住宅になっているような物件を見たことはありませんか？　あるいは、友人が住んでいる賃貸マンションなどで、「一番上の階に大家さんが住んでるんだよね」といった建物に心当たりはありませんか？

こういった大家の居住部分と賃貸部分が一緒になっている物件が「賃貸併用住宅」です。これならばマイホームを持ちながら、同時に賃貸経営を始めることができます。自分の居住部分を含めたローンを、賃貸部分から得られる家賃で返済することができ、同じ広さなら賃貸物件に住みながら賃貸経営するよりもお金は貯まりやすいと思います。

またこの賃貸併用住宅のいいところは、**自宅部分の割合が50％あれば住宅ローンを借りられる**ことです。住宅ローンの場合はみなさんもご存じかもしれませんが、投資用物件よりも低金利で長期間の融資が受けられます（かつてはゆうちょ銀行がスルガ銀行と提携し、自宅割合が3分の1でも住宅とアパートのローンがセットで受けられたのですが、スルガ銀行の不祥事で消えてしまったのは残念なところ）。

自宅部分を含んでいるということで、各金融機関から、100％の投資用物件よりも条件の良い融資を引ける可能性はあると思います。

デメリットとしては、土地を買って新築するとなるとかなりの資金と時間が必要となる点です。ただそれも、例えば1階と2階で2世帯ずつ、4世帯が入っている中古アパートを買って、1階か2階の2世帯部分をつなげて自宅に作り変えるなど、いろいろとやりようはあると思います。

「ヤドカリ作戦」で住みながらリフォーム

戸建てから始めて、すぐ近い将来に一棟アパートを買うべくお金を貯めるなら、通称「ヤドカリ作戦」というものがあります。

これは都心では難しいですが、地方で数百万円程度の物件を買って、**自分で住みながらリフォームをして、次にもまた同じような物件を買って、そちらに引っ越しをしたらリフォーム済みの物件は賃貸に回す**……これを繰り返していくという作戦です。

仮に売値500万円で家賃が年間80万円ほどの戸建てを1年に1件のペースで増やしていけば、3年後には本業のほかに年間家賃収入240万円（80万円×3件）、実物資産1500万円（500万円×3件）ということになります。**数件程度の戸建てならば自主管理も可能ですし、自分が住む家賃を節約できます**から、早いペースでお金が貯まるでしょう。その都度購入の手間がかかりますが、少額の物件で不動産取り引きの経験を積んで場慣れをしておくという考え方もできます。

最大のネックはセルフリフォームですね。日曜大工に興味がない人、不器用な人にはきついかもしれません。逆に、**日曜大工やコストを抑えた発注が得意な人で、ご家族の理解も得られる**なら挑戦するかいはあると思います。マイホーム住まいと不動産投資を両立させたい人にもお勧めです。

18 自己資金に最低300万円は用意する

1000万～2000万円規模の物件を買って運営していくために必要な自己資金の額は、僕の経験から得た感覚値では300万円が最低ラインになります。

この本の改訂版を出した2016年と比べて、銀行の融資は消極的になっています。これは序章でも説明したように、「かぼちゃの馬車」事件とそれ以後相次いだ金融機関の不祥事の影響が大きいです。物件購入価格の満額融資、すなわちフルローンを引くのは、今はかなり難しいと思います。しかも地方の物件や都心の築古物件というのは、なおさら条件の良い融資を引きづらいでしょう。

たとえフルローンの融資を受けられたとしても、物件購入価格が上限になりますから、購入に当たっての諸経費は自己資金でまかなわなければなりません。仲介業者への手数料、ローン手数料や保証料、登録免許税と司法書士への報酬、固定資産税、都市計画税、印紙税、さらに火災保険料など、だいたい物件購入価格の5～7％程度が必要です。また、すぐにリフォームが必要な場合もありますし、数カ月後に支払う不動産取得税や当面の運転資金なども考えたら、300万円あれば安心できるかなというのが僕のイメージです。

さてフルローンを引けない場合は、自己資金から頭金を捻出しなくてはなりません。頭金の目安を物件購入価格の10分の1とすると、150万円を頭金にローンを組み、残りの150万円は前述の諸経費で消えていきます。運転資金やリフォーム資金は残りません。現状で入居率がよければ所有権を移転して1カ月後には家賃が入ってくるので運転資金のメドは立つかもしれませんが、空室だらけでリフォームしなければ貸せないような状況であれば、別途リフォームローンを組んで修繕費に充てる必要が出てきます。

リフォームローンは取得した物件を担保に、おそらく問題なく引けると思います。ですからやはり**自己資金は300万円が最低ラインとして必要**だという計算になります。

結局のところ、融資を引くためには金融機関から「この人になら貸しても大丈夫」と思わせる必要があります。そのためにも最低300万円は現金を持っているという事実が重要で、すなわち金融機関からは「購入してから諸費用を払って運転資金もある」と見てもらえることになるわけです。

そういう意味では、「見せ金」という言葉があるように、例えば身内の方にでも一時的にお金を借りて、銀行に通帳を見せるというのもひとつの手です。通帳にいきなりお金が増えていることについて説明を求められるかもしれませんが、その場合は「身内からの援助金です」と正直に言って問題はないでしょう。そして実際には身内から借りたお金には手を付けず、リフォームは別途リフォームローンを利用しても大丈夫です。

ただ、金融機関はそれでOKとしても、口座に急に多額の現金が増えたことを税務署が嗅ぎつけた場合は、「贈与」と見なされて贈与税の対象となる可能性があります。念のため、あくまで「借金」であるという体裁を整えるために、市中金利と同じ相場でお金を借りている旨の借用証書を作成するといいでしょう。

ではどうやって300万円を貯めるかというと……、それはもう各自で努力してくださいとしか言えません。この不況下で貯蓄をしていくのが苦しいのはわかります。でも僕の知人でふたり合わせて年収450万円のご夫婦は、家賃8万円のマンションから郊外の4万円のアパートに引っ越して、車も売って1年間で300万円を貯めました。そこまでがんばらなくても、**ぜいたくをしないで日々節約に励めば2～3年で貯めることができる**のではないでしょうか。

貯金というのは地道な行為ですし、欲しいものをがまんするというのはつらいことだと思います。それでも将来に不安を抱えて生きていくよりは、今は多少つらくても、「将来の経済的安定」のためにひと踏ん張りすべきではないでしょうか。

300万円という目標をしっかり胸に刻み込んでいれば、お金を貯めた分だけどんどんと目標に近づくわけですから、苦労も苦労と感じないで済むと思いますよ。

19 まずは戸建てで投資を始めるのもアリ

この本の初版が出てから10年あまり、不動産投資の環境も少しずつ変化してきました。投資効率を重視して「まずは一棟アパートから」という僕の手法は、現在でも有効であると自負しています。しかし全体的に物件の利回りは低下し続けており、僕の手法で最も肝となる部分の「高利回りの物件を手に入れる」ことが難しくなっている状況です。

また「投資を始めるタイミングは、早いほどいい」というのも僕の持論です。銀行によっては「75歳になる年までしか融資しません」と年齢で期限を設ける場合もあります。やはり始めるなら早いほうがいいと思います。

ですから、最近はまずは戸建てで投資を始めるというのもアリかなとも思っています。戸建てであれば必要な自己資金も少なくて済みますから、300万円貯めるのに比べれば、準備にかかる時間も少なくて済みます。そして何より、**一棟アパートに比べれば圧倒的に利回りの高い物件を手に入れやすいのがメリット**です。

ここで僕がいう戸建てとは、築年数の浅いきれいな物件ではありません。築古や再建築不可など、素人が避けてしまう物件を指します。それであれば建物の状態によっては、表面利回り15％や20％でも、さらにもっと高利回りで安く仕入れることができるでしょう。

僕の知人で、パート主婦大家さんとして活躍中のなっちーさんは、千葉県柏市という人口40万人ほどの中核都市にある駅から、さらにバスで何十分もかかる不便な立地に25万円の戸建てを購入しました。その戸建てはツタで覆われて半ば朽ちかけ、トイレも下水ではなく汲み取り式だったため、50万円くらいで投げ売りされていたのをさらに値切ったそうです（次ページに物件写真）。それを390万円かけて中も外もリフレッシュ。彼女は「賃貸で家賃7万～8万円は取れるし、800万円くらいで売るのもアリかな」と語っていました。家賃7万円としても、表面利回り20％です。

また別の友人は、千葉県の外房に再建築不可の戸建てを30万円で入手、塀を壊して駐車場を確保したり表装リフォームに50万円をかけて、今は75％（！）の利回りで運用中です。

高利回りで入居付けしやすい戸建て物件

2018年の総務省の調査によると、空き家の総数は日本全国で850万戸。これは人口減少とリンクし年々増え続けていて、野村総合研究所の推計では「2033年に2000万戸近くに達する」と言われています。

実際、空き家が増加する状況を利用して、たくましく戸建て投資を行っている強者も存在します。これも僕の知人ですが、彼は地元でボロい空き家を片っぱしから調べてその所有者を探し当て、交渉して安く借り、それを又貸し（転貸）することで稼いでいます。そうしていると、地元で有名になり、物件の所有者から「住んでいない家があるから、タダでいいのでもらってくれないか」という話がくることもあるそうです。

僕がアパート一棟を勧めるのはスケールメリットが大きいからで、手間はかかりますが戸建てを5件、6件と買っていけば規模的には同じになります。高

パート主婦大家なっちーさんの25万円で購入した戸建て物件。ツタで覆われて半ば朽ちかけていたのを390万円かけて、外観も室内も美麗にリフォーム

利回りが狙える分、戸建てのほうが収益性は上かもしれません。

　ボロ物件を再生させるのに大掛かりなリフォームは必要になりますが、そのノウハウを勉強して身につけていけば、たいていの物件は恐れるに足らずです。入居付けに関しても、戸建てのほうが子育てファミリーには好まれやすいというメリットもあります。また管理面でも、入居者同士のトラブルは起こりませんから、物件数がそれほど多くないうちは自主管理することで管理費を浮かすこともできるかもしれません。

　もしも相続した田舎にある元実家が、古くてボロくて誰も住むアテもなく眠っているとしたら、リフォームして貸し出してみてはいかがでしょうか？

戸建てをステップに一棟アパートへ

　最近、僕自身も、妹に手を貸す形で戸建てを再生して、賃貸に出した経緯があります。僕の実家は千葉県野田市にあり、事情により空き家になりました。その家をどうするか妹から相談を受けたので、「リフォームして賃貸に出してみたら？」と提案したのです。

　2階建てで、階段が西と東に2つあるような割と大きな家だったので、間に壁を増設して片方には水回りを新たに作って、勝手口も玄関に改装して完全に2世帯に分けました。いわゆる「テラスハウス」のような物件です。

リフォームの総工費は約300万円。きれいになったとはいえ、築50年で、単線電車しか通ってない、最寄り駅から10分以上歩かなければいけないような立地です。それでも、両世帯合わせて13万円で入居者がついています。13万円という家賃は、地方で単身向け4世帯の小規模な一棟アパートから得られるのと同額くらいです。

まずは戸建てから、それもなるべく利回りの高いものから始めて、知識と経験と同時に資金も蓄積して、それから一棟アパートを購入するというのもひとつの戦略です。少額とはいえ銀行から融資を引いて物件を買っていけば、それが金融機関への実績となります。また、共同担保にもなるので好条件での融資も受けやすくなります。

ただデメリットとして、アパートの一世帯と違って家一軒分のメンテナンスが必要となるため、同じ世帯数の一棟アパートと比べて修繕費はかさんでいくと思います。しかしそれも、本書でのちに紹介していくノウハウを使えば安く抑えていくことは可能ですから、早く始めたい人、手間をかけられる人は選択肢に加えてみてはいかがでしょうか。

! 地方と都心、物件を買うならどっち?

僕が相談に乗っていてよく聞かれる定番の質問に、「地方と都心、どちらに物件を買うべきでしょうか?」というものがあります。これは頭金300万円程度で買える同じ価格帯の物件であることを前提とした場合、**「地方の木造アパート一棟」と「都心の築古ボロ物件」とどちらがいいか**、ということになります。

それぞれのメリットやデメリットから見てみましょう。まず空室率について都心は低く、地方は高くなります。入居付けするのは管理会社ですから、地方の物件では管理会社選びや彼らとの関係づくりが都心よりも重要になるということになります。一方で都心の物件は、入居付けの心配は地方ほどないものの、築古ボロ物件になるので、リフォームなどで地方よりも手がかかります。また高利回りを狙うと再建築不可や借地物件になってくるので、融資を引いての購入はもちろん売却する際にもネックになると思います。

つまりどちらも一長一短ですが、融資の苦労が大きくて貸し出すまでにリフォーム費用もかかりそうな**都心の築古ボロ物件は自己資金に余力のある人向け**と言えるかもしれません。また**地方は初期段階で比較的に手がかからないとはいえ、遠隔地であれば出向く手間や時間**もありますし、さらには空室率の高さのため稼働し始めてからの苦労が予想されますから、より時間に余裕がある人向けと言えるかもしれません(もちろん仕組みができてしまえば、実際に出向かなくても僕のように遠隔操作が可能になります)。

あとは本人の性格にもよるでしょうか。管理会社との関係づくりがそれほど得意ではない人は都心のほうがいいでしょうし、でも築古でボロいためたびたび不具合が発生しがちなので、リフォームでわずらわされたくない人は地方のほうがいいかもしれません。

第2章

買ってもいい物件、買ってはいけない物件

20
勝ち抜くためには「ニッチで勝負！」

この章では1000万～2000万円の一棟アパートでどんな物件を買うべきか、またどんな物件を買ってはいけないのかを、具体的に説明していきたいと思います。

その前にまず、僕の投資の基本的な考え方を説明しておきましょう。それは一言でいえば「ニッチで勝負！」ということです。

ニッチとは「隙間」のこと。ニッチ市場や隙間産業といえば、「一定の需要はあるが規模が小さいので大企業がターゲットとしない商売」を指します。僕のいう「ニッチ」はマニアック、あるいは個性的といった意味で受け取ってもらってもいいです。

不動産投資を始めたとき、僕に潤沢な資金があれば、ニッチなところは狙わなかったでしょう。都心の一等地に1億円を超える物件を現金でポンと買えれば、資産価値もありますし、より安定的な経営ができたかもしれません。例えば売値1億7000万円、表面利回り6％の物件を買えば、たちまち年間家賃収入1000万円の達成です。

でも繰り返しますが、持たざる者はお金持ちと同じ戦い方はできません。**持たざる者が買えるのは安い物件ですから、利回りの低い安全な勝負をしてしまっては、たいした収益**

は見込めません。収益をアップさせるには高利回りの物件を買うしかなく、**高利回り物件に特有のリスクを見極め、知恵を絞ってそのリスクを回避していくしかない**のです。

地方の物件や都心でも築古で手がかかる物件は、リスクを考えると敬遠されがちですが、王道の投資法ではないからこそ儲けがたくさんありますし、狙い目なのです。序章でも書いたように、知識はあっても実践する人がなおさら少ない点もポイントです。

僕自身も今まで、地方にばかり物件を買ってきました。僕がやってきたことは王道ではない方法ですが、だからこそ生き残ってこられたという自負があります。

ニッチを狙えば競争相手も少ないですから、一人勝ちも可能です。例えば、2016年刊の新版では、栃木県小山市にある3DKのマンションの一室を、各部屋の壁を取り払って広いワンルームにリフォームした話を紹介しました。そんな部屋は小山市では希少物件で、当時は問い合わせが殺到しました。今も空室になると、内見者10人のうち10人全員にはハマりませんが、「ここに住みたい!」という人が必ず現れます。「金額的には予算オーバーだけど、頑張ってでも住みたい」という内見者がいるのです。不人気な一階の部屋にもかかわらず、ほかの部屋より家賃を高めに貸せていて空室にもなりにくく、安定して稼いでくれています。

例えば都心部でも、商業地域に、1階が閉店した元スナックで2階が住居になっているような物件が土地値以下で捨て置かれていたりします。普通の一棟アパートだけを探していると、そういう物件には目が向きません。元スナック部分には窓はないし大きなカウンターが造り付けられていますから、住居向きではないので。でも僕は、「外壁をぶち抜いて窓を作ればいいよね」と発想します。もともと客商売に使われていた建物ですから、それなりに立地は便利というストロングポイントがあるので、十二分に勝機はあります。窓を作って内部もリフォームして、建物の大きさによっては2世帯あるいは3世帯にもできるでしょう。そうすると好立地にミニアパートの出来上がりです。

実際、僕が所有中の茨城県の3階建てマンションでは、1階の一部が小料理屋だったところを住居に作り変えました。リフォームにお金をかけられなかったので、小上がり部分は壁を作って部屋を作りましたが、カウンターやキッチンはそのまま（!）。「そんなところに住む人がいるの？」と思うでしょうけど、これが意外といるものなんです。

要は値段が安ければ、元店舗だからちょっと広めだし、厨房も広いし立派なカウンターもあって、「この部屋に住みたい」とすぐに入居者が現れました。そういうもの好き（失礼！）を一人見つければいいだけです。退去になってもまたすぐに決まりましたし、「お店のような部屋に人は住まない」という勝手な思い込みは損をすると思いました。

もちろんそこまでマニアックなところを狙えとは言いませんが、僕が勧める地方物件や都心の築古物件を狙うというのは、王道ではなく少数派。資産性が低く担保価値も低いですから、金融機関があまりお金を貸したがらないという難点はあります。でも僕に言わせれば「融資が引きやすいから」という理由だけで物件を買うほうがよほど危険です。

なぜなら銀行が貸したがる物件は、今まで例に挙げてきた都心の一等地のマンションのように、資産性は高いですが実質利回りは非常に低くなるものがハマりやすいからです。銀行融資を優先し過ぎると規模拡大には有利ですが、大きな借金の割にはそれほど儲からない点に注意が必要です。

それに、物件を購入する決め手が「銀行が貸してくれるから」では、自分が主体ではなくなります。地方物件や築古物件は融資が引きにくいから値段も下がり、必然的に高利回りになるとも言えますが、そんな物件でも融資を引く方法があるというのが不動産投資の奥深いところです。融資を引くテクニックについては次の第3章で詳述します。

持たざる者にとって、資産性が高くて誰もが「いいね」と評価するような物件に勝機はありません。**大多数がその良さに気づかない、リスクはあるけど少数には深く刺さるニッチな物件にこそ勝機がある**のです。人と違うところに狙いをつけて、「ニッチで勝負！」です。もちろん努力で回避できるリスクかどうかの見極めができることが大前提ですが、それはまたページを改めて説明していきましょう。

21 掘り出し物の高利回り物件を探すコツ

高利回り物件をゲットするために、探し方にもコツがあります。

これから1棟目を買おうという人は、不動産屋の実店舗を回ったりするより、まずはインターネットで探せば十分だと思います。僕の場合は、1棟目を購入するまで毎日5時間はネットに張り付いて物件を探しました。そこまでやれとは言いませんが、一定の検索条件で毎日見続けていれば物件や利回りの相場観が養われますから、数多くの情報に継続的に接するようにしましょう。

物件探しのサイトは123・124ページで紹介しているようにいろいろあります。中には「投資家向け収益物件専門」をうたっているサイトもあって、そこをチェックするのが効率的だと思われるかもしれませんが、**掘り出し物を見つけるなら大手ポータルサイトのほうがチャンスはある**と思います。

なぜなら収益物件専門サイトに掲載されている物件は、既に「投資家向け」というフィルターがかかっているので、投資家が集まりやすく、いい物件が出た場合に競争が激しくなるからです。即断即決の時間勝負になってしまうと、未経験者には不利です。

大手ポータルサイトで売りアパートを検索する際のコツとしては、まずは利回りの高さで条件フィルターをかけるのが効率的です。ただ、単純に「利回り13％以上」で探しても物件の数はそれほど多くないですし、その中にいい物件がある可能性は低いと思います。そんな高利回りで本当にいい物件ならあっという間に売れてしまいますし、売れ残っているのであれば、やはりそれなりに問題がある可能性が高いでしょう（その問題が克服できるレベルの高利回り物件を探すことが本書の趣旨ですが）。

僕のお勧めは**「情報掲載日」に注目**することです。掲載してから長い時間がたっている物件というのは、ずっと売れ残っているわけで、そこに値引きのチャンスが出てきます。最初は当然ある程度の利益を見込んで値段を付けるわけですが（すると利回りは下がります）、あまりに長い間売れず、問い合わせもほとんどないような状態ですと、売主も弱気になっているものです。相続で手放すのであれば、相続税の納付期限が近づいて焦っているのかもしれません。**もともと高利回りで売り出されている物件を買うよりも、普通の利回りの物件を値下げしてもらって高利回りにしてしまうのが最上の策です。**

またもうひとつ、これは築古物件を探す際に限定したテクニックですが、これも大手ポータルサイトで**検索対象を「アパート」や「戸建て」ではなく、「土地」として探すのも手**です。土地として売り出していても、実は古い建物が残されているケースがよくあります。売主が「古くて建物としては価値がない」と判断し、「あくまで〝土地〟として売るので、建物についてては知りませんよ」という売り方をしているわけです。

そんな建物でも、大半は費用さえかければ住めるレベルにリフォームすることはできます。交渉では「この建物を壊すのに費用がかかる」と、さらに値引きを打診してみましょう（実際には壊さずリフォームして再生させても、文句は言われないでしょう）。それでリフォーム費用も入れて十分な実質利回りが出るのならお勧めだと思います。

理想を言えば、売主側の事情で世の中に情報が出ていない**「未公開物件」を手に入れるのが一番オイシイ**です。相続などで急に売らなければならなくなって、でも売ることを周囲の人に知られたくない……。そんな物件であれば売主は期限があるので焦っているし、競争相手もいないのでじっくりと値下げ交渉して、表面利回り20％や30％で買うことも可能でしょう。実際に僕はそうして安く物件を手に入れた経験があります。

ただ、一棟アパートは1000万円単位の買い物ですから、初めてフラッと不動産屋に訪れた客に、気軽に未公開情報を教えてくれるとはちょっと考えられないですよね。そういう物件は、僕が手に入れたときのように、ひっそりとつき合いのある投資家に売られていったりするわけです。そうした物件に出合う可能性を高めるためにも、実際に買うところまでいかなくても、**問い合わせして交渉する経験を積んでいくことが大事**なのです。

22 マンションよりもやっぱり木造アパート

地方ではごくまれに木造アパートを買うような価格帯で売られている小型の一棟マンションの出物があります。みなさんも、マンションのほうが資産としていいイメージがありますよね？　入居者の受けもいいし、金融機関の融資もアパートより受けやすくなります。

それでも僕は、**最初に買うなら絶対にアパート**をお勧めします。

アパートとマンションの違いは、その躯体構造にあります。マンションは主に鉄筋コンクリート（RC）や鉄骨（S）、鉄骨鉄筋コンクリート（SRC）で、アパートは木造（W）や軽量鉄骨（LGS）などです。建物は木造よりも頑丈ですし、気密性や防音性にも優れ、法定耐用年数も長いです（RCやSRCの法定耐用年数は47年）。

ただ、そうした建物としての価値の高さは一面ではメリットですが、その分、固定資産税が高くなります。個々の物件によって幅があるので一概には言えませんが、僕が栃木県小山市に持っているRCマンションは、年間固定資産税額が満室時の家賃の約1カ月分です。対して**木造アパートで、それも法定耐用年数を過ぎた築古ともなると、固定資産税はかなり安くなります。RCの5分の1から3分の1くらいのイメージ**です。

また買うタイミングによりますが、RCのほうは法定耐用年数が長い分、1年に減価償却できる金額も少ないので、結果的にかかる経費は多くなり、ローンの返済も差し引くと現金はあまり多く残りません。一方で中古の木造アパートは短期間で減価償却できるメリットがあります。なお双方とも修繕が発生すれば、その内容に応じて減価償却資産や一括償却資産として計上される仕組みです。

設備費用や維持費がかさむマンション

そしてRCの場合は、メンテナンス費用が木造よりも確実にかかります。

ここに木造2階建て8世帯のアパートと、RC4階建て8世帯のマンションがあるとします。世帯数は同じで、建物の容積もほぼ同じと仮定しましょう。

まずはライフラインのひとつである給水設備について。2階であれば直圧で給水できますが、4階建ての場合は圧力タンクや加圧ポンプで圧力をかけたり、揚水ポンプに頼ったりしなければなりません。その分、電気代もかかり、機械の修理費用が数十万円もかかってきます（ちょくちょく壊れるんです……）。受水槽や高架水槽がある場合は、そのメンテナンス費用も定期的に必要です。

エレベーター付きの物件ならその電気代とメンテナンス費用もかかりますし、アパートとは比べ物にならないくらい出ていくお金が多いのです。

いくら地方であっても2000万円以下で買えるマンション一棟というのは空室だらけの相当なボロ物件になると思いますが、人に貸せる状態にするためのリフォーム費用も、木造よりはるかにかかります。

外壁塗装をする場合、2階建てでも足場を組むものですが、3階、4階になると高さや規模が増すので、その分費用がかかります。水道やガス、電気に何か問題があっても木造なら簡単に壁や天井、床をはがして工事できますが、マンションは鉄筋コンクリート（あるいは鉄骨造）と

アパートVS. マンションのメンテナンス比較

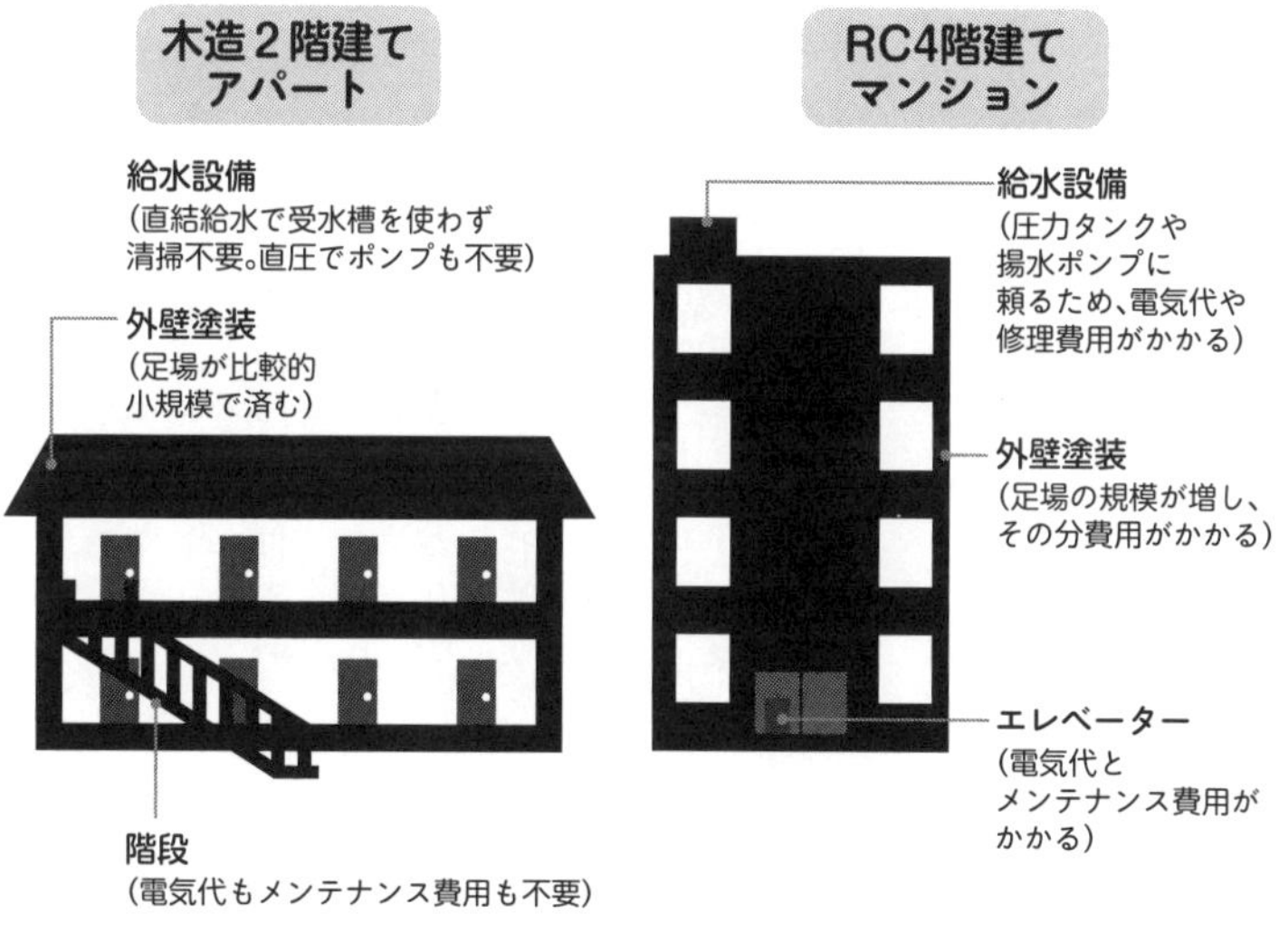

いう構造上大変な工事になり、リフォーム費用に跳ね返ります。

また、これも300万円の自己資金で買えるケースでは少ないと思いますが、ボリュームの大きな建物も最初は候補から外したほうがいいと思います。

マンションの例で説明したのと同様に、ボリュームの大きい物件は法定の消火設備の点検代や実際の設備の交換といったメンテナンスをはじめ、リフォームにもなにかと費用がかさみます。また縁起でもない話ですが、仮に一部屋で自殺や殺人事件などがあった場合に建物全体が風評被害を受ける危険性があって、大きい物件ほど不利でしょう。

僕の知人でも、隣の部屋で殺人事件が起こり、「特に幽霊騒ぎがあったわけではないけど怖くて引っ越した」という人がいました。

もちろん税金の面でも、木造やボリュームの小さいものはそれだけ固定資産税などが安く済みます。また売りたくなった場合にも、小ぶりな物件は現金で買える人が多いので売りやすいというメリットがあります。

こうして考えていくと、**今資金に余裕のない人が最初に買う物件として一棟マンションやボリュームの大きな物件は適さない**ことは一目瞭然でしょう。まずはリフォームしやすくランニングコストの安い、小ぶりな木造アパートをしっかり経営して、所有欲が満たされるような物件を購入するのはそのあとでもいいと思います。

23 地方物件を買うならエリアの力を見極める

ひと口に「地方」といってもどこに物件を買うのがいいのか、あれこれ考えても答えが出ず、堂々めぐりしている人も多いのではないでしょうか。

まず大前提として、不動産投資は物件ありきだと思います。僕自身もまず利回りで物件を探して、その次に所在地をチェックするという具合でした。どんなに良いエリアにあっても、物件がダメでは勝負になりません。

その上で、基本的には土地鑑のある場所をお勧めします。入居者はどんな人が多いのか、また地域の慣習的なことなども知っていたほうがいいからです。逆に、いくら良い物件でも、あまりに遠方に買うのはやめておいたほうがいいと思います。**特に最初の一棟目は、管理会社探しやリフォーム工事などの関係で何度も現地に足を運ぶ必要**が出てきます。時間や手間、移動費のことも考えて、無理のない範囲にしておきましょう。

さて、以上を踏まえていよいよどんなエリアがいいかというと……。僕は人にそうアドバイスを求められると、結局いつも**「平凡で、何があるとか特色とかがパッと思い浮かばないところがいいですね」**と答えて、相手を困惑させてしまいます（笑）。

ふざけているわけではなくて、これは本当にそう思います。千葉県の旭市、茨城県の坂東市、栃木県の小山市や下野市（僕の物件所有地です）……みなさんはこれらの市の特徴を答えられますか？　以前は小山市には「小山ゆうえんち」がありましたが、もう閉園して15年以上が経過しますし、ここで僕が言っているのはそういうことではありません。

企業城下町や大学付近は避ける

例えば、特定の企業を中心に地域経済が発展した**企業城下町**は、その企業が傾いたときのリスクが非常に大きいです。また**大学の近く**というのも安定して学生需要が見込めるように見えますが、その周辺には地主の大家さんたちがそれを当て込んで競って物件を建てていますから、価格競争になってしまいます。そうなると持たざる者のほうが不利なのは目に見えていますし、それこそ少子化が直撃しますから、学校がなくなってしまってワンルームの家賃が1万円台でも空室だらけなんていう悲惨なエリアさえあります。

逆に僕が物件を持っているのは、ほとんどが特に何があるというわけでもない、本当に平凡な普通の町です。中でも茨城県坂東市は、市内に電車も通ってないし、隣の市にある駅も直線距離で7㎞ほども離れた、まさに「陸の孤島」のようなところで、かつてビクター1の5000人規模の工場が撤退したためにずっと空室率が高くて2021年8月現在でも32％もあります。それでも僕の物件に関しては、平均9割5分くらいの入居率で推移しているのです。

そういうエリアのいいところは、あまりに何もないので、新たに競合が現れにくいことです。そんなところにわざわざ何千万円からのお金を用意して投資しようなんて奇特な人はなかなかいません。周りは代々の地主的な大家さんばかりですから、努力と工夫次第で一人勝ちすることも可能です。まさに「ニッチで勝負」。勝機は意外と、そういう地味でなんでもないところに転がっているものなのです。自分の能力を高めつつ、競合がひしめき合わない、かといって過疎化もしていないほどよいところで勝負を仕掛けるべきでしょう。

その地域の産業構造や人口動態などはインターネットで調べることができますし、下見の際には市役所に足を運んで、都市計画や産業の振興なども調査しましょう。不動産の大手ポータルサイト「ライフルホームズ」(123ページ)では、空室率や家賃相場、希望の間取りや家賃、地図上でよく閲覧される物件の多い順に色分けして表示するサービス(賃貸需要ヒートマップ)もありますので、ぜひ参考にしてください。

24
エリアの空室率の高さを恐れない！

物件があるエリアの空室率は、もちろんある程度は気にはしたほうがいいと思います。空室率10％のエリアと30％のエリアでは、全体的には前者にある物件のほうが空室は埋まりやすいでしょう。

ただ、結論から言えば、僕は**どんなに空室率の高いエリアでも勝機は絶対にゼロではない**と思っています。

前項で例に挙げた茨城県坂東市ですが、かつてはビクターの工場がありました。それが2000年に閉鎖してからは、賃貸の需給バランスが崩れ空室が増え、前オーナーが安く手放した物件でした。購入時は半分が空室で、だからかなり高い利回りで買うことができました。工場跡地にはショッピングセンターが開業しましたが、雇用数などかつての勢いには遠く及びません。2021年8月時点でも空室率は32％と茨城県の中でも高い水準ですが、僕の物件はそれでもほぼ満室で経営できています。

なぜかというと、周りは代々地主の大家さんが相続対策で営業トークに乗って建ててしまったような物件が多く、家賃5万円とか6万円とかで募集しているのに対して、僕の物件はとことん安く仕入れたことで家賃3万円から4万円で勝負できているからです。もはやテクニックでも工夫でもなんでもありませんね。空室があってもすぐに埋まる、そのエリアでは人気物件になっています。

空室率が高いエリアでは、地主さんだったり相続して「ただ持っているだけ」というあまり熱心でない大家さんが、空くがままに任せて、自分の物件に空室が何室あるかさえ把握していなかったりするケースが多いのです。

百戦錬磨の大家さんたちがしのぎを削って、みんなが揃い踏みで3割の空室率というわけではなく、**満室の物件もあれば空室だらけの物件もあって、全部ひっくるめての空室率**なので、数字だけを見て怖がる必要はないと思います。

要は、「絶対にこの投資を成功させるんだ！」という大家としての意地と情熱が大事です。知恵を絞れば活路はありますので、のちの章でそうした知恵と工夫を惜しまず公開していきます。かつて賃貸市場がかなり厳しい状況にあった群馬県太田市（SUBARUの企業城下町）で、家賃も下げずに満室経営を達成した「初期費用全部ZEROプラン」（259ページ）という禁断の裏ワザもありますから、どうかあきらめないでほしいと思います。

ただし、そうしたテクニックをもってしても絶対に避けたほうがいい、僕でさえ参入したくないエリアもあります。

参入するエリアの家賃相場は最低3万円

それは空室率うんぬんというより、**家賃相場が崩壊しているエリア**です。具体的な地名をここで書くのは差し控えますが、1万円前後の賃料で募集しているようなエリアが全国に結構あります。それがものすごい田舎であればともかく、都市部に近くても過当競争でそうなってしまっているエリアも存在して、驚くことに政令指定都市でさえもそういう現象が一部で起こっています。

こうした物件はあまりにもリスクが高すぎると思います。家賃5万円の部屋であろうと1万円の部屋であろうと、リフォーム相場は変わりません。もし退去があって壁紙交換やクリーニングその他で12万円かかったとしたら、入居者が入れ替わるだけで年間賃料が消えてしまうことになります。これはとんでもないと思いませんか?

相続やなんらかの理由で受動的に所有してしまった場合は別として、これから物件を買う人がわざわざそんなエリアに入っていく必要はないと思います。

僕の基準では、**参入するなら最低でも家賃を3万円は取れないと厳しい**です。管理費や固定資産税、火災保険など、建物を維持する費用は結構かかりますから、3万円以上の家賃が取れるのであれば、リスクに耐えられる余力があると思います。

単身者向け、ファミリー向け、買うならどっち？

これも相談者からよくされる質問として、「**単身者向け物件とファミリー物件のどちらがいいですか？**」というものがあります。

一般的には、単身者向け物件のほうが収益性は高くなります。例えば２階建てのアパートで、46㎡の２ＬＤＫが４部屋のファミリー向け物件と、23㎡のワンルームが８部屋の単身者向け物件は、建物の大きさとしては同じになります。もし２ＬＤＫが一部屋で６万円とすれば、ワンルームは４万円くらいでしょうか。つまり同じ大きさの建物でも、ファミリー向け物件の月額家賃24万円に対し、単身者向け物件は32万円が得られるということになります。

また部屋探しする人の数も単身者のほうが多いので、理論上は空室期間も短くなるということになります。さらに、退去時の原状回復費もファミリー向け物件のほうが高いのもデメリットです。部屋の数が多いので、扉や収納などの建具の数が増えますし、壁面積も増えますから貼り替える壁紙の量も多くなります。

そうすると単身者向け一択じゃないかと思われるかもしれませんが、必ずしもそうではないのが不動産投資の奥深いところです。なぜなら**単身者の場合、卒業や就職、結婚などの節目でいつかは退去していきます。空室の発生する頻度が高く、部屋探しする人の数が多くても競合物件もそれだけ多い**ですから、結局トータルの空室リスクはファミリー向け物件と変わらないのかなと思います。

一方で**ファミリー向け物件は、一度入居が決まったら比較的に長く住んでもらえる場合が多く（その分退去時の原状回復費用がかさむことになるのですが……）、つまりは安定した経営が望めます。**

ですからこの問題は、より高い収益性を取るか、より安定した経営を目指すか、結局は投資家の性格次第かなと思います。

25 地方に物件を買うときの譲れない条件

地方に物件を買うとき、僕が重視しているのは部屋の広さです。狭いものはダメです。**最低限、「単身者用であっても一戸当たり8坪（約26・4㎡）」**は欲しいところです。

今まで地方では20㎡が合格ラインともいわれていましたが、少子化が進んでいくと、一人当たりが住む部屋の面積が広くなっていくと思います。大は小を兼ねると言いますし、今後のことを考えると8坪以上あれば安心でしょう。逆にあまりに広くても退去したときのリフォーム費用がかさむので、それくらいの広さが適当かと思います。いざとなれば部屋を家具などで仕切ってふたりでも住めるので、入居者募集の間口が広くなります。

都心では単身者向けとなれば10㎡台でも普通ですが、それは立地の便利さで需要があるわけです。地方ではそもそも広いのが当たり前ですし、移動の手段は車というエリアが多いので立地の優位性はあまり望めません。地方で狭い部屋が勝負するには大幅に家賃を下げるしかありません。家賃を下げると利回りが下がりますから、そういう勝負の仕方しかできない物件は買うべきではないでしょう。

次に、**その地方がいわゆる「車社会」の場合は、「全世帯分の駐車場を敷地内に確保で**

きること」が僕の中で絶対に譲れない条件です。それさえ満たしていれば、駅からの距離は気にしません。地方の車社会というのは「車がなければ生活に支障をきたす」レベルであって、大きな駐車場を備えたショッピングモールは大盛況なのに駅前商店街は寂れる一方で、今や地方の中小都市はそんな状況のところが多いです。

僕が栃木県小山市に購入した物件は、前オーナー時代はファミリー24世帯に対して16台分の駐車場しかなく、そのせいか15世帯しか埋まっていませんでした。僕が購入後、庭をつぶして駐車場を28台まで増やしたところ、たちまち空室が埋まっていきましたから、駐車場の需要というのは本当に大きいです。車社会だと、一世帯でも大人の人数分で2台、3台と所有する家庭が多いですから、本当は世帯数と同数でも足りないくらいです。たとえ近隣に大きな駐車場があったとしても、それが将来にわたって駐車場であり続ける保証はありません。大きな土地はほかの用途でも使い勝手があるので開発される可能性が高いです。

もちろん地方でもバスや電車などの交通機関がしっかり発達していて、必ずしも車社会ではないところもありますから、そこはしっかり調査して、駐車場の有無が入居付けに影響しない確信を持てればそういう物件を買ってもいいと思います。

26 都心では逆に狭い部屋も人気に！

地方では広い部屋が人気になりますが、ここ数年の流れとして、都心部では狭い部屋が、それも玄関やバス・トイレなどを除いて**居住スペースが「5㎡＝3畳くらい」の激狭物件が若い世代に人気に**なっている流れがあります。

これにはまず「断捨離」ブームがあって、「ミニマリスト」と呼ばれるモノを持たないライフスタイルに共感する人が増えていることと、ＩＴ技術やサービスの進化が影響しています。特にスマホの普及が大きいです。テレビやレコーダー、オーディオ機器などが不要という人が増えました。テレビ画面から距離を取らなくてよくなったことは革命的かもしれません。また椅子も机も不要で、食事も勉強も全部小さなローテーブルで済ませてしまいます。

本や漫画などは電子書籍で購入し、紙の書籍は読んだらすぐに古書店に売ってしまう。ＣＤ、映画なども実物ではなくデータにしてしまえば、本棚も不要になります。今や、データとして保有さえしないようですね。本や漫画も同様ですが、サブスクリプション（定額使い放題）の配信サービスでその都度ストリーミングして楽しめば、データの存在する場所はネット上でも自分の端末でもどこでもいいというわけです。

では洋服は？ これもメルカリなどのフリーマーケットサービスを活用します。夏になる前に夏の服をメルカリで安く買い、季節の終わった冬の服はメルカリで売ってしまう。夏が終わったらまた同様に冬の服を買い、夏の服は売ってしまうわけです。洗濯はコインランドリーもあるので、必要なのは冷蔵庫くらいでしょうか。

ただ、そういう物件は駅近でないとダメみたいですね。それも徒歩2、3分くらいで利便性をすごく重視するそうです。すごく合理的というか、ムダを嫌うのでしょう。基本的に「家は帰って寝るだけのところ」と割り切っているから広い空間は必要ないし、駅から歩く時間やムダな労力は最小限に済ませたいというわけです。

また、築年数はそれほど気にしませんが、**部屋がきれいで清潔感があることが重要で、アパートではなくマンションのほうがより好まれます。**だからそんなに狭いのに家賃はそれほど安くない。「お金がないからがまんして狭い部屋に住んでいる」という昔の常識とは、根本的に違うのです。

もちろん彼らが多数派ではないですが、**駅近でさえあれば激狭でも4万～5万円、駅によってはそれ以上払ってくれるというのは高収益が期待**できます。適した物件が手に入れば、そんなニッチを狙って勝負してみるのも**不動産投資の醍醐味だと思います。**

27

都心の築古木造アパートは古くても大丈夫！

さて次に、都心の一棟アパートについてお話しします。

都心部に2000万円以下で買えるような物件は、おそらく築40～50年は経過した築古物件になると思います。法定耐用年数が過ぎているので融資が付きづらく、見た目や間取り、設備も古くさく、再生させるには大規模なリフォームが必要になるので安く売りに出されるわけです。もうはっきり「ボロ物件」と言ってしまっていいでしょう。

しかし僕に言わせれば、**「ボロ物件だからこそ勝機がある」**のです。都心の物件の場合は、最寄り駅の大きさや駅からの距離といった立地の利便性が、たいていの難を吸収してくれます。そうした立地のいい場所に、安く物件を仕入れて、きれいにリフォームして貸し出せば、とんでもない優良物件に仕上がる可能性があります。

物件を下見して、**内装は基本的にいくらボロくても問題ありません。リフォームでいくらでもきれいになります。**そもそも木造アパートのいいところは、いくらでも修繕できてしまうところです。現代の日本のリフォーム技術は秀逸ですから、柱が腐っていても取り替えられますし、土台の部分の柱がダメになっていても隣に別の柱を立てて補強できますし、ジャッキアップして土台そのものを入れ替えることですら可能です。

木造建築というのは、このようにあとからどうとでも補強や修繕が可能ですから、築古でも恐れることはありません。逆に鉄骨造や鉄筋コンクリート造のマンションのほうが、ボロ物件の場合は怖いです。鉄鋼は一度サビたら直せないので、クラック（建物の亀裂やひび割れ）からの水の浸入が放置されていたりして、サビの浸食により主要構造部の強度が大きく損なわれている可能性があるものは手を出してはいけません。しかもダメージ部分が外観からはわかりづらいところも怖い点です。

木造の場合はむしろ、ボロければボロいほどライバルも少なく、また値下げ交渉にも応じてもらいやすいので「オイシイ」ともいえます。

ポイントは、「リフォームして生まれ変わったところをイメージできるかどうか」です。

そのリフォーム費用がどれくらいかかるかもイメージできるかがカギで、リフォームすれば十分に満室にできる確信があれば、あとは建物の価格にリフォーム価格を乗せて利回りを計算して（家賃は近隣の相場でだいたい予想できるでしょう）、その利回りがどれくらい出るかで考えていけばいいわけです。

フルリフォームで新築並みにきれいにすることも可能ですし、もしかしたら建て替えたほうが費用対効果は良い可能性があります。あるいはリフォーム費用と収益性を考えると高くつきすぎるのであきらめるか、そこを経営者の目で判断すればいいわけです。

ボロ物件を怖がる不動産投資家は多いでしょう。でもそれが肝だと思います。つまり「ニッチで勝負！」です。ボロ物件が敬遠されるのは、リフォーム後のイメージが湧かないからでしょう。さらに言えば、リフォームでどういうことができるかがわかっていないから、目の前のボロ物件の可能性に気がつかないのではないでしょうか。

最後のケーススタディで詳しく紹介しますが、この本の初版を読んだ僕の知人も、都心の私鉄沿線で駅から徒歩4分の場所に、築40年超の一棟アパートを買いました。前オーナーは建て替えるつもりだったのを諸事情で売りに出すことになり、ボロボロで埋まっているのは1室だけ。そんな状態のため売り出し価格の１４００万円では売れず、１１８０万円まで下げたところで知人が手を挙げ、諸経費込み１０５０万円まで値切って購入し、リフォームに３５０万円かけて再生させました。

家賃は満室なら年間３００万円ということですから、もしも現金で購入すれば実質利回りでも余裕で20％が出ます。癖のある物件なので苦労はさまざまあって、常に満室とはいかないようですが、たとえ入居率半分でも実質利回り10％というのはすごく強いです。都心にはそうした「お宝」がまだまだ眠っていると思いますよ。

28 契約不適合免責物件でも大丈夫

以前は築古物件で格安なものの中には、売り情報に「瑕疵担保免責」とただし書きが添えられているケースもありました。これは「建物に不具合（瑕疵）があってもその責任を負う（担保）ことはしません（免責）」という意味です。あとで何か出てきて問題になるのを恐れて、売主があらかじめ予防線を張っているわけです。その代わりに安く売りに出され、「それを承知で買うのだから文句は言わないでくださいね」ということです。

そう言われてしまうと、いくら安くても「どんな瑕疵があとから出てくるのかわかったもんじゃない」と、買うのが怖くなりますよね。でも前項でも説明したように、木造ならたいていの不具合は直せますし、雨漏りが発生しても、それは直近の台風で生じたものかもしれず、そうなれば保険で対処できます。

だから**「資産を買うのではなく、稼ぐ仕組みを買う」と割り切ることができれば、瑕疵担保免責物件はオイシイ物件**だったりもしました。普通の人は敬遠しますからライバルが減って、磨けばダイヤモンドになるような物件を格安で手に入れられる可能性があります。

ちなみに前ページで紹介した僕の知人の物件も瑕疵担保免責でした。

しかし2020年4月の民法改正で、この「瑕疵担保」という言葉はなくなり、「契約不適合」という新しい概念に置き換わりました。

わかりやすく説明すると、従来は「売主は売る前に瑕疵についてしっかり説明してくださいね」「買主も買う前に瑕疵についてしっかり調べてくださいね」、というアバウトな運用でした。その上で、説明していない瑕疵が売買成立後に出てきた場合に「買主が気づくのが不可能なものであれば売主の責任になる」というのが「瑕疵担保責任」でした。

しかし、購入前に把握できなかった瑕疵が出てきた場合に、それを「売主が把握していなかったのはおかしい」「売主が知っていて隠していたんじゃないか」「買主がちゃんと調べれば気づけたはずだ」と泥沼の争いで裁判になりがちだったわけです。

そこが民法改正で、「売主は自分の物件の瑕疵をちゃんと把握して、契約書に書かなきゃダメですよ」「契約書に書いてない瑕疵が出てきた場合でも、それは売主の責任なので善処してくださいね」ということになりました。それが**「契約不適合責任」**です。

ですから以前はアバウトであいまいだったものが、シンプルで責任の所在がわかりやすくなりました。**契約書に書いていない不具合があったら、「契約書と違いますね。直してください」で解決してしまう。直さなかったら契約解除もできます。**買主の権利を守る機能が強化されて、つまり売主の責任がより重くなりました。

また従来の場合、瑕疵担保責任を免責する特約は「瑕疵担保免責」と一言だけ書いておけばあらゆる瑕疵に対応可能だったところを、「契約不適合」の場合は「雨漏りは確認されていませんが、もし雨漏りしても売主に責任はありませんよ」「内部の柱がシロアリに食われていても、売主に責任はありませんよ」など、出てきそうな瑕疵と、それを免責する旨を明記しなければならなくなりました。免責として明記されない瑕疵が出てきた場合は、もちろん「契約不適合責任」が問われることになります。**買主にとっては、特約に明記されていることだけきっちり調べてリスクの度合いを測ればいい**ということになり、実に楽になると思います。

逆に売主としては、ボロ物件を売るのに神経質にならざるをえなくなります。ですから物件探しのページでも説明したように、上に建物が建っていたとしても「土地のみ」として売るケースが増えるのではないかと思います。これなら「あくまで取り壊すことが前提で土地だけを売った」ということで、建物への責任は一切なくなります。

その場合は、もうほとんど土地値の相場程度で売りに出ています。でも更地にする費用はかかりますから、長期で売れ残っているのならば、場合によっては値下げをさらに引き出すことは可能でしょう。ただしあまりムチャな引き下げ要求をすると、売主が「自分で更地にして売るよ」ということになりかねませんのでご注意を……。

29 「借地権」「再建築不可」でも大丈夫

高利回りの物件をポータルサイトで探して、「おっ?」と思う目ぼしい物件があったとします。でもよくよく物件情報を見てみると、「借地権」との表記があってがっかり……。そんな経験をした人も多いのではないでしょうか。

借地権には「賃借権」と「地上権」があります。両方とも土地(底地)は自分のものにはならないので、売値は当然低くなり、利回りは高くなります。ただし毎月の借地料(地代)を払わなければなりませんが(「地上権」の場合は例外もアリ)、それを差し引いても土地建物両方の物件より利回りはかなり高くなるはずです。

ただ、「賃借権」が圧倒的に多く、その場合には20年とか30年おきの契約更新時期に百万円単位で更新料がかかることが多いので、僕はあまりお勧めしてきませんでした。一見安く感じても、あと数年で更新だったりすると大きく利回りを直撃しますから。

ところがさまざまな事例を見ていると、**地方によっては賃借権の更新が慣習的にないエリアもあります。**そうすると、ものすごく収支がよくなりますね。だから借地権との表記を見ても、そこでスルーしてしまうのではなく、その種類や更新時期、更新料について問い合わせてみるといいと思います。そういうフィルターを変えて見てみると、今まで見えなかった優良物件が見つかったりするものです。ただし「定期借地権」は更新がないので、注意してください。

建て替え禁止の「再建築不可」も高利回りのチャンス

また、都心の築古物件で格安なものの中には、「再建築不可」という条件の付いた物件があります。これは読んで字のごとく「建て替えることが法律で禁止されている物件」で、それで安く売り出されているわけです。

再建築不可の中でもよくあるのが、今の建築基準法の「敷地が幅4m以上の道路に2m以上接していること」という決まりを満たしていない場合です。昔に建てられた建物には今の法律に適合していないものがままあります。そうした物件に対して、「今の法律に適合しないので建て替えてはダメですよ」と押された烙印が「再建築不可」ということです。

しかし入居者にとっては関係のない話ですから、賃貸業を運営する上でそれが収支面でマイナスになることはありません。それに再建築は不可でもリフォームすることは問題なく、僕が聞いた話では**「柱を一本でも残しさえすれば、新築同様に再生させてもリフォームと主張できた」**とか。実際、徹底的にやれば本当に新築そっくりになります。

とはいえそうした場合、リフォームであっても固定資産税は実態に基づいて新築扱いになるケースもあるそうで、おもしろい話ですね。

また、道路幅が狭くても2m以上の間口が取れるのなら、その敷地の一部分を道路として提供し、建物を少し引っ込めて建てること（セットバック）で、再建築が可能になる場合もあります。それ以外にも隣接地を購入して再建築を可能にするケースもあります。そうなると出口戦略も広がってきます。

ただし借地権や再建築不可物件の場合、金融機関の評価は非常に低くなり、融資が引きづらくなる点ではマイナスとなります（借地権物件は、建物の残存価値プラス借地権割合の7掛け程度しか融資を引き出せないでしょう）。担保価値が低いので、将来的に物件を買い増すときの共同担保としてあまり期待できないというのもマイナスです。

そのため最初に再建築不可物件を組み込んでしまうと、次の物件を買い増すステップになかなか移りづらいので、目的に沿って購入する順番を考えていく必要があります。

例えば1棟目は地方の物件を長期のローンで購入し、2棟目は都心の再建築不可物件を短期のローンで買い、高利回りを生かして早めに完済して次を狙うなど、組み立て方はいろいろあります。**「再建築不可だから」と一律に尻込みせず、高利回りのメリットをうまく戦略に組み込んでいけば、目標の達成にいち早く近づける**でしょう。

30 オイシイ物件の見分け方

立地がよくて築浅で満室稼働している物件が、表面利回り15％で売りに出ていたとすれば「オイシイ」ですよね。

でも現実は、そんな物件に出合う確率は非常に低いものです。高利回りでもたいてい築古でボロいとか、地域の入居率が悪いといった理由で空室だらけだったり……。だからこそ安値で売りに出されているわけで、都心の築古で再建築不可の物件でも、もしも満室稼働していればそれほど高利回りにはならないと思います。

それほど手間や時間、お金をかけることなく満室にできて、高利回りなら確かにオイシイです。でも時間と労力と費用がかかっても、リフォーム費を含めた実質で8％以上の利回りが見込めればそれも十分に投資のうまみがある物件だと思いますし、ここまで数々の具体例を紹介してきたように超高利回りも狙えると思います。

そうしたオイシイ物件を見分けるには、現地調査が大事です。なぜ入居者が付かないのか、入居者視点でしっかりと分析しましょう。そして、その原因がある程度のお金で解決可能なのか、それとも解決できないのかで判断すればいいわけです。

例えば「駅から徒歩20分もかかる」「線路沿いでうるさい」「大きな建物の陰で日当たりが悪い」など、立地はどうにもできません。また、お墓とか地方だと養豚場などの忌避施設が近くにあったり、隣が反社会的組織の事務所や幹部の家だったりする場合も同様です。水害などのハザードマップのエリアや、海沿いで塩害がひどかったりする場合も対策に限度があります。殺人事件や自殺があったなど、心理的な瑕疵で空室が多い場合も、短期間での解決はなかなか難しいと思います。

そうした、**大家側の努力ではどうにも克服できないマイナス面が主要因だとはっきりすれば、潔くあきらめたほうが無難かもしれません。**

そうではなくて、「単にボロい」「間取りや設備が古い」といったことであれば、これはリフォームでいくらでも克服が可能です。本当に新しさにこだわる入居者は新築や築浅で探すので難しいですが、いくらでも手を加えられるのにやっていないことで損をしている物件というのはかなりあると思います。

例えば風呂なしのアパートは敬遠されると思いますが、廊下などにデッドスペースがあれば共用のシャワーブースを設置するという手もあります。居室に十分な広さがあるのなら各居室に設置してもいいでしょう。若い層はシャワーで済ませてしまう人も多いですし、外国人もターゲットになるのであれば、湯船に浸かる習慣のない国の方も多いですから、それで十分に勝負になると思います。

あとは費用対効果の問題です。どれだけリフォームしてそれにどれくらいの費用がかかるのかを概算して、それを含めて実質利回りがどれくらい出るかで、きっちり判断すればいいわけです。その最低ラインは「実質利回り８％」と既にお伝えしましたね。

その物件はなぜ空室だらけなの？

また、建物や設備の問題ではなく、積極的に入居者募集を行っていないから空室だらけという物件もあります。管理会社が単に募集を怠っていたり、家主との関係が希薄だったりなんてこともありますが、よくあるのが、建て替える予定があって、退去者が出てもリフォームをせず入居募集もせずそのままという物件です。だからどうして空いているのかを、売買の担当者にきちんと聞いてみましょう。売主が年配の方の場合、「建て替えようと思っていたけど、もう自分も年で面倒だし売っちゃおう」なんて事情だったりすることがよくあります。そういう物件は「オイシイ」ですよね。修繕費用や空室率の高さを理由に、非常に安く買えるでしょう。

さらに裏取りの方法として、まずは賃貸の部屋探しサイトで、その物件の条件を入力して検索してみましょう。そこでヒットしなかったら、入居者募集が行われていない可能性が出てきます。余力があれば、下見に行ったときに近隣の不動産屋を何軒か訪ねて、「今度この近所にこんな物件を買おうと思っているんですけど、入居率や家賃設定はどうですか？　競合にどんな物件がありますか？」と聞いてみましょう。このとき、物件名は言わないのが肝です（まだ契約が固まっていないことを理由に）。そうすることで適正賃料をはじめ、競合のレベルや入居率について、実際のところがわかります。これは地域の賃貸市場調査も兼ねていますから、一石二鳥です。

また、これも高齢の大家さんが売主の場合で、ほとんど賃貸経営に情熱を持っておられず、管理は昔なじみの、パソコンを使えないおじいさんが一人で道楽のように営業している地場の不動産屋に丸投げだったりということも。入居募集の情報をほかの不動産屋とろくに共有せずに、汚い手書きで（ごめんなさい……）店のガラスに貼っているだけだったりします。そういう場合は普通にリフォームだけはしてあって、きちんと募集するだけで入居率が改善する、かなりオイシイ物件である可能性が出てきます。

このようにしっかり現地調査することで、物件の持っているポテンシャルを把握していくことが大事です。現状でダメな物件が、必ずしも本当にダメなわけではありません。特に、売主が全然努力をしていないからダメな物件はオイシイです。空室が多ければ多いほど、安く買って再生させれば、驚くほどの爆発力を持っている場合もあります。

31 買ってはいけないボロ物件とは?

今まで「木造アパートならたいていの瑕疵はなんとかなるので、どんなにボロでも恐れることはない」と書いてきましたが、やはり手を出さないほうがいい物件というものもあります。特に建物の構造にかかわる部分は、しっかりと見極める必要があります。

軟弱地盤の上の傾いた建物はNG

まず、建物が傾いているものは避けたほうが無難です。一部の柱の腐敗による軽度の傾きであれば、木造ならば比較的直しやすいので、その「程度と利回り」次第で購入してもいいかもしれません。問題は地盤沈下が原因の場合です。よくあるのが田んぼの埋め立て地のような軟弱地盤に建てたケースで、中には2階に通じる外階段と建物で基礎が違うために、それぞれ別方向に傾いている物件もあります。

建物の傾きを一時的に修正しても、原因である地盤そのものはどうにもなりませんから、さらに何年かすればまた傾いてきてしまう恐れがあります。地盤に膨張性樹脂を注入して強化する工事もありますが、工事費用は百万円単位でかかります。現地調査の際は、ホームセンターなどで「水平器」を買っていくといいでしょう。

建物に入ったときに湿気をチェック

地下水脈の上や雨のたまりやすい土地で、地盤から湿気が上がってきて、建物にこもっているような物件もあります。昔ながらの木造建築は気密性があまりよくなかったから風通しがよくて腐りにくかったかもしれませんが、今は高気密で高断熱の建物が増えていて、湿気の多い土地ではカビだらけでダメになってしまうことが多いそうです。

まず建物に入れば湿気がこもってジメジメしているかどうかは感覚ですぐわかりますよね。柱が腐っていたり、色が変化していたり、湿気で壁紙がはがれていたり、ひどいと部屋の中がカビだらけになっていたりします。崖地や傾斜地のふもとに建っている家で、床がズブズブに腐っている物件というのも見たことがあります。そういうものは一目瞭然でダメですね。手を出さないようにしましょう。

鉄骨造の雨漏りはNG、構造体以外のサビはOK

雨漏りが長期間放置されていたような物件も避けたほうが無難でしょう。どこに水が回っているかわからず、思わぬところの柱が腐っていたり、構造体に二次被害が考えられるからです。特に鉄骨造の建物はサビたら再生できないので、絶対に避けるべきです。木だったらその部分だけ入れ替えられますが、その分費用もかかります。

一方、**鉄の手すりや外階段がサビているのは当たり前**のことで、サビを落として下地処理をすればきれいに塗装できますし、腐っている箇所があれば溶接工事で入れ替えられます。サビでボロく見えているのならば、その分値引き交渉すればいいかと思います。場合によっては、きれいにするだけで入居率が大きく改善するかもしれません。

最近は、赤外線サーモグラフィカメラを使って建物診断をする方法が普及してきました。赤外線を使い、建物の温度差を可視化することで容易に漏水や滞水箇所、断熱の施工不良や湿気の多い箇所の特定ができる代物です（価格は数万円～）。

擁壁《ようへき》も要注意

山や谷が多い土地であれば、擁壁にも要注意です。段々畑みたいな感じで家が建っているところの段々の壁のことを擁壁というのですが、それがすごく古いものだったり、適当に組まれていたりする場合があるからです。そうなると、大雨が続けば土中の水の圧力に耐え切れずに擁壁倒壊を起こす危険性が出てきます。

上の段の人の擁壁や家に自分の物件を押しつぶされるのも嫌ですし、もし自分の物件の擁壁が崩れて下の段の人に被害を生じた場合は賠償問題になります。建て替えるときに2階建てを3階建てにしたら、擁壁を入れ替えなければならなくて莫大な工事費がかかったという話も聞いたことがあります。単に土地の場所と値段だけではなく、きちんと物件そのものを調べないと、あとで大きく足を引っ張られる危険性があるわけです。

シロアリ、基礎などは心配ならば専門家の調査を

木造といえば怖いのがシロアリ被害ですが、実際に「シロアリで家が倒壊した！」という話はほとんど聞かないことを考えると、過度に恐れる必要はないのかなと思います。シロアリに食われていそうなボロ物件であれば、現地調査にプロの駆除業者に同行してもらうといいと思います。見積もりだけならば無料のところもあります。もしも食われていて、駆除を入れて土台もやり替えたらいくらかかるという見積もりが出たら、それを根拠にさらに値引き交渉をすればいいでしょう。

シロアリに限らず、基礎や構造の強度などが心配であれば、欠陥住宅を調査するホームインスペクター（住宅診断士）などに、お金を払ってでも見てもらうといいと思います。

僕の持論ですが、築古の場合は「何十年も建ち続けていることが既に実績」です。その間に豪雨やら地震やらをくぐりぬけてきて、既に悪いところは出きっている状態ですから、

これから新たに傾いたり沈んだりするとは考えづらいでしょう。特に木造の古い建物は、部屋が狭いぶん柱が多い構造なので、意外と丈夫だったりするものです。

物件に惚れてはいけない

最後にぜひ覚えていただきたい格言をひとつ。それは「物件に惚れてはいけない」です。本気で物件探しをしていると、ときとして物件に過剰な思い入れをしてしまうことがままあります。いろいろ調査して、リフォーム後の未来像を頭に思い描き、実際に稼働して家賃がいくら取れるかなどと想像するうちに、思い入れがどんどん強くなっていくのです。まさに「物件に惚れてしまった」状態です。

そうすると、予算オーバーで実質利回り8％を切ってしまうのに、「ここまで手間暇かけたんだから」など、事業とは関係ない感情で買ってしまうことになりかねません。特に投資初心者は、経験がないだけにいったん物件に惚れてしまうとすっかり冷静さを失って、「もうこれを買うしかない！」という精神状態になってしまうわけですね。

そこまで**深追いしなくても、物件はあとからあとから出てきます。**「実際はそんなにリフォーム費用がかかるのか。それなら縁がなかったんだな」と、常にニュートラルな気持ちでシビアに判断するように心がけましょう。

32 シェアハウス経営はオイシイのか？

都心部で物件を探していると、超高利回りに目を惹かれて詳細をクリックしてみるとシェアハウスだった、なんてことがよくあります。一般社団法人「日本シェアハウス連盟」の発表によると、2013年の2744棟から2020年には5104棟と2倍近くに増加していて、現在では売りに出される物件も増えてきました。

大家にとってシェアハウスのメリットは、なんといってもその**収益性の高さ**です。

都心の戸建ての3LDK（6畳×3部屋）を1500万円で買って、それを一世帯の家族に貸して家賃が15万円取れるとしたら表面利回りは12％です。しかし各居室を2つに仕切って6部屋にしたシェアハウス物件であれば、各部屋で5万円の家賃が取れるとすると、満室時の月額家賃収入が30万円。表面利回りは24％に跳ね上がります。

ただし礼金や敷金なしの場合が多く、またインターネットなどを含めた6人分の光熱費が大家負担となることを考えれば、実際の月額家賃は25万円程度に下がっていきます。また一般的な単身者向け物件よりも入退居の回転が早くなりますから、空室期間もそれだけ多く見積もらなければならないでしょう。

そして**一番のデメリットは、管理委託費が高額なこと**です。入居者募集や居住ルールの設定やルールの順守には専門のノウハウが必要になりますし、顔を合わせて生活する分、入居者同士のトラブルも一棟アパートよりも頻度や程度も激しいものになりそうです。一般的に**管理委託費は家賃収入の2~3割が相場**と言われますから、先の例で見れば2割の場合は約15%、3割だと約13%まで利回りが落ちる計算になります。

こうして見ると、うまい話はそうそうないというのが正直なところです。僕自身もあまりシェアハウスに手を出そうとは思いませんでした。そういうライフスタイルや流行がいつまで続くのかわかりませんし、銀行が融資をしたがらないので最終的に売るのも苦労するでしょう。現時点で安く、高利回りで売りに出ているのは、そういうことです。

ですから火災保険や固定資産税なども含めて、実質利回りをベースに、管理費をたとえ3割払ってもきちんと利益が出るか、立地などを見てしっかり満室にできるのか、よくよく吟味することが必要です。僕の個人的な感覚では、**一棟アパートが実質利回り8%を最終防衛ラインとするなら、シェアハウスは13%以上**なら考えてもいいかなと思います。

ただ大家に専業できる方で、世話好きな方だったら、親代わりの下宿のおじちゃん・おばちゃん感覚で自主管理するというのはアリだと思います。最大のネックになる高額な管理料がなくなりますし、生きがいにもつながるのではないでしょうか。

33 不確実な「競売」よりも「任意売却」

市場にない思わぬ掘り出し物も入手できることで人気の競売ですが、僕はあまりお勧めしません。なぜならあらゆる面で不確実性が高いからです。

第一に、入札制なので確実に買えるかどうかわかりません。10件以上も入札してひとつも落とせないという話も聞きます。

次に、それほど安く買えるかどうかわからないという不確実性もあります。スタートの金額は安いので魅力的に見えますが、広く情報を開示して、不特定多数の人が入札した結果、市場で流通するより高い価格で落札されることも意外とよく起こります。

さらには、物件をきちんと調査できないことによる不確実性です。競売の場合は物件の中に入れませんから、公開されている写真数枚と周りから聞き込む情報だけで判断するしかありません。そして裁判所が用意している物件明細書、現況調査報告書、評価書、いわゆる「3点セット」の情報が最新のものとは限らないので、修繕積立金や管理費などの滞納額が増額していることもありえます。

しかも大きな欠陥があっても、原則としてお金は返ってきません。これはすごく怖いことだと思います。競売に出てくるのは、いわば「経営破たん」した物件です。ローンが払えなかったのに物件に手をかけているわけはなく、**再生には大規模なリフォームが必要な場合が多いです。それなのに現地調査ができないためその費用が把握できないというのは、不確実性が高すぎます。**

最後に、占有者がいた場合にきちんと出て行ってもらえるか、それも不確実です。居座られてしまうと追い出すのもエネルギーがいりますし、強制執行などの法的手段に訴えるにも、残置物の引っ越し代や保管料などにもお金が必要になってきます。

任意売却物件のメリット、デメリット

僕の場合、競売よりも「任意売却物件」の情報を仕入れておくようにしています。

任意売却物件というのは、**競売になる前に売主が債権者の合意のもとに「任意」で物件を現金化する仕組み**です。競売のように入札制ではないので、購入できる確実性が上がります。物件の調査にしても、鍵を借りて室内に入ることができますし、レントロール（貸状況の履歴）を見ることができますので、その点でも安心です。

とはいえ、**通常の売買とは違って、売主と自分だけの相対取引ではなく、債権者との調整がかなり面倒で時間がかかるのはデメリット**です。債権者に多かれ少なかれ「泣いても

らう」、つまり不動産に抵当権を設定している債権者に借金を棒引きしてもらうわけですから、債権者全員が同意してくれる保証はありません。僕の小山市の物件は任意売却で買いましたが、成約までに5カ月かかりました。その間、ほかにいい物件が出てきても、じっと指をくわえて見ていなければならず、それはすごくストレスを感じました。

それでも**競売よりは、僕は任意売却物件のほうがいい**と思います。ただし本当にいい任意売却物件は、ほとんど市場に流通していません。なぜなら業者自身が買って手を入れて、利益を上乗せして転売してしまうケースが多いからです。そういう**市場に出てこない物件を扱う業者とつながって、情報をせき止められればオイシイ**です。僕の場合は投資案件を専門に扱っている業者から、人づてに任意売却を得意としている業者にたどりつきました。物件を買い増していく過程でそういうつながりができていったわけです。

ただ任意売却は、これから投資を始めようという人にはまずそのルートがないでしょうし、たまたま別の物件を問い合わせた業者が「こんなものもあるんですけど」と紹介してくれる奇跡があったとしても、債権者との調整などハードルが高すぎるとは思います。ですから、そんなものも存在しているということをとりあえず頭に入れておいて、まずは正攻法の物件で大家としての能力を高めつつ、先輩大家さんや不動産業者に当たって任意売却物件へのルートを探してみてはいかがでしょうか。

収益物件を探すならこちらのサイトをチェック①

ライフルホームズ

https://www.homes.co.jp/

投資用物件が充実、検索機能も充実。500万件を超える物件が登録されている。「収益物件検索」で検索をすると、同時に「収益シミュレーション」も利用でき、空室発生による回転率の低下予測や返済状況をグラフ化して確認することが可能。

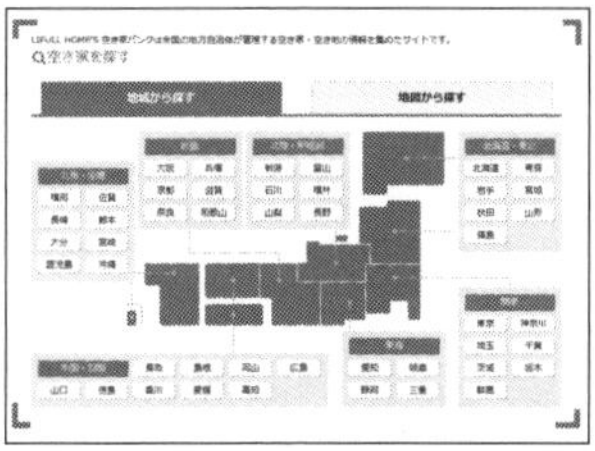

※「見える！賃貸経営」では空室率がわかりやすい。「空き家バンク」も提供

Yahoo!不動産

http://realestate.yahoo.co.jp/

収益物件の専門サイトではないため、中古マンションや戸建、土地の情報はあるものの、一棟ものや利回りの掲載はない。「買う」→「土地」で情報をチェック。ほかの投資家と比較的競合しづらく、掘り出し物に出合える可能性も！

楽待（らくまち）

http://www.rakumachi.jp/

日本最大級の収益物件専門サイト。「買いニーズ」を登録することにより、情報が「楽」に「待」って届く。欲しい物件タイプが明確な人には特にオススメ。ニーズに合う人に優先して情報が届く。物件探しに便利なスマホのアプリも提供。

不動産投資連合隊

http://www.rals.co.jp/invest/

全国に提携の不動産業者があり物件数が比較的多い。写真、間取り図が豊富で、所在地をほぼ特定でき、掲載情報から下調べがしやすい。路線価、周辺状況も調査しやすい。「高利回り」や「少額投資物件検索」の機能が便利。

※楽待の無料で質問できる「不動産投資のQ&Aサービス」

収益物件を探すならこちらのサイトをチェック②

アットホーム投資

https://toushi-athome.jp/

「はじめての不動産投資」コラムやQ&Aなど投資家に向けた情報が充実。不動産投資の現状や必要な知識が盛りだくさん。「利回り15%以上の物件特集」など人気の条件で検索できる。「空き家バンク」も提供中。

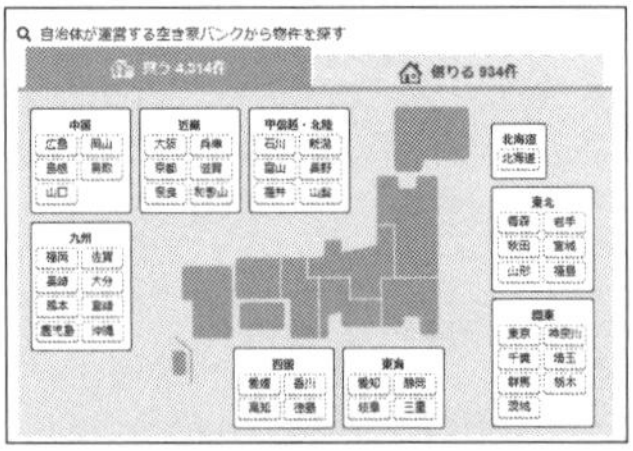

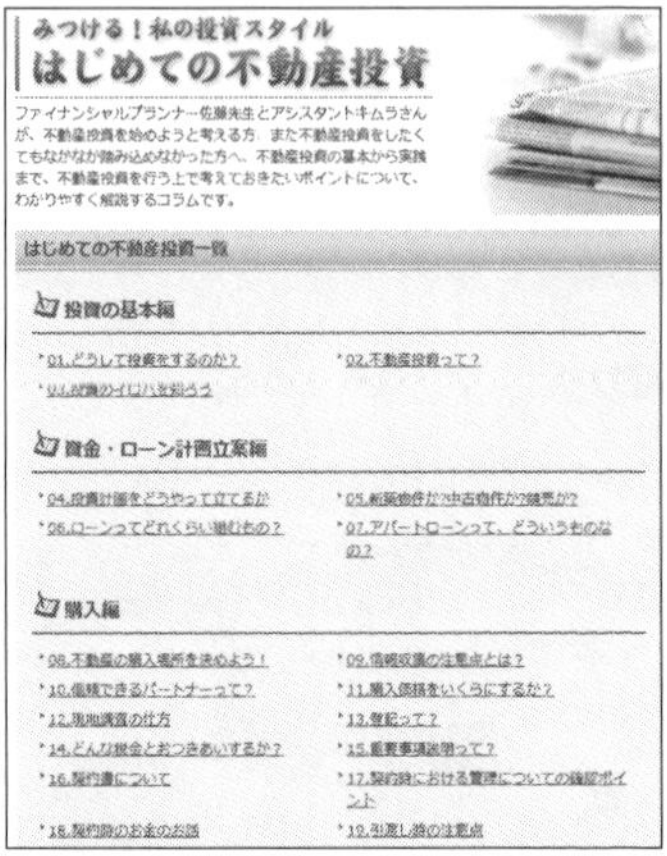

※投資に役立つコンテンツが満載

リガイド

https://www.re-guide.jp/

旧SBI不動産ガイド。「収益物件を探す」ほかにも「物件を売る」にも対応。「不動産投資入門」では「不動産投資スタート講座」を提供。検索機能では、人口増減率や人口密度でエリアを絞ったり、専任など取引形態で検索をかけたりできる。

OCN不動産・賃貸

https://house.ocn.ne.jp/toushi/

NTTコミュニケーションズが運営し、掲載物件数は10万件を超す。検索ツールが優れていて、都道府県や市区町村、路線・駅、物件種別はもちろん、価格帯や表面利回りなどで探し出せる。掲載方法が価格順や利回り順でシンプル。

健美家（けんびや）

http://www.kenbiya.com/

価格帯やアパート、マンションなど種類別、利回り15%以上などの条件検索に優れている。さらに写真、間取り図も豊富。備考欄にプロの感想が書かれている場合もある。利回りの表示があって便利。

全国大家の会

https://www.ooyanokai.com/

収益物件の検索サイトではなく、番外編としてご紹介。全国にはおよそ130団体の大家コミュニティがあるそう。こちらのサイトで大家さんコミュニティの場を探し、交流の場を広げてみてはいかが？仲間がいれば励まされるはず。

第3章

資産性が低くても、
銀行から融資を引く秘訣

34 融資を取り巻く状況は再び厳しいが……

２０１０年にこの本の初版が出たとき、この章の冒頭では「融資を取り巻く状況は厳しいが……」と見出しを立てていました。それが２０１６年の新版では「融資状況は不動産投資に追い風」となり、２０２１年の今回は再び「厳しい」に戻ることになりました。

本書でずっと説いてきたことですが、**融資の状況はコロコロと変わります。**

前回の改訂版からの状況変化を説明しておきましょう。全国銀行協会が２０２１年４月に発表した「預金・貸出金速報」によると、まず不動産投資以外も合わせた融資全体としては、貸付残高は２０１５年度末の約４７０兆円から、２０２０年度末には約５４０兆円と年々増え続けています。コロナショックがあったとはいえ、そのために資金繰りや手元資金確保の需要により、かえって増加しています。

何もなければ不動産投資に対しても引き続き追い風だったと思われますが、そこに冷水を浴びせたのが、序章でも説明した「スルガショック」とそのほか金融機関の不正融資事件でした。

金融機関は一斉に、不動産投資に対して厳しくシフトしました。特に未経験者やいわゆる属性の低い人に対して、より厳しくなった印象です。たとえ紹介者ルートであっても、以前は自己資金を300万円用意していればよかったところを、今は「500万円入れてください」といった具合です。地方の金融機関では、地元出身の県外在住者に対し、従来は親元の住所などに個人や法人で登記しておけば問題なく融資を下ろしていたところを、今は申し込み時点で県外在住者はお断りにしているところもあります。

知り合いの不動産業者に聞いたところでは、「投資物件の取り扱い数は減少しているが、取り扱い高は上昇している。経験者や属性の高い人には有利で、最近は企業も投資物件に参入していて、逆に未経験者やサラリーマン投資家は少なくなっているのではないか」ということでした。

実際に2021年の春先から、経験者や属性の高い人、多くの資金を投入できる企業には有利な傾向が顕著になってきています。「立地の良い＝資産性の高い」物件は引き続いて融資は下りやすいですし、関東のある地銀では築年数の条件を厳しくする（つまり安価な築古物件には借りづらくなる）一方、その分新築物件には頭金なしのフルローンで融資するなど積極的になっています。ある地方都市で事業を営みながら不動産投資をしている実業家の元には、NPO法人が20年一括で借り上げるデイケアホームの新築プロジェクトの話を、逆に金融機関のほうから持ち掛けてきたそうです。地銀が土地込みでフルローンを出して、彼はサインをするだけ。そういう実態もあるのです。

結局のところ彼らも貸すのが仕事ですから、利益を稼ぐために担保を取れて貸しやすく、ビジネスとして成立しやすい不動産に対する融資は彼らにとってもオイシイのです。

また同じ「厳しい状況」でも、初版時とは違います。あの当時は地方や築古など融資が出にくい物件は、売れないために値段をどんどん下げて結果として高利回り物件がゴロゴロありましたが、今は融資が出にくい状況でもそれほど値下げはされていません。銀行は厳しくなってもノンバンクは元気だったり、不動産投資が市民権を得たことで、「築古で低価格なら減価償却が魅力的だよね」と（これも詳しくは後述します）、資金に余裕のある人が買っていくケースも増えているからです。

繰り返しますが、銀行の融資の姿勢というのは、コロコロ変わります。これまで積極的だったところが渋くなったかと思えば、今まで不動産投資の世界ではノーマークだったところが積極的になったり、地方の金融機関が吸収されたり合併したりを契機に東京などの大都市に攻勢をかけてきている例もあります。今は金融機関の体質の大きな転換期にあるのかなと思います。実績がない人や属性が低い人には逆風の状況ですが、**自己資金の割合を増やしたり、小さくても実績を作ったりするところから引き続きチャンス**はあります。

では、次から借りやすい金融機関と、融資を引くテクニックを紹介していきましょう。

35 融資の可能性を上げるための交渉術

融資を引き出す可能性を上げるにはどうすればいいのかを考える前に、まずは金融機関が貸す・貸さないをどうやって決めているのか知っておく必要があります。

融資基準には、「積算法」と「収益還元法」の2つがあります。

積算法とは、言葉を変えれば「購入する物件の資産価値」のことです。もし購入者が投資に失敗したとき、担保に取った物件がいくらで売れるのか、そこを金融機関は見ています。ですから立地が良かったり新築や築浅だったりと資産価値の高い物件は積算評価も高くなりますし、逆に地方や築古物件は積算評価が低くなります。

収益還元法とは、これもわかりやすく言えば「購入する物件の収益性」です。その物件が稼働し始めればどれくらいの収益をもたらすのか、つまりは確実に返済していってくれるのか、そこも金融機関は見ています。

この考えでいけば当然、収益還元法で評価の高い物件は条件の良い融資が引きやすいということになりますが、これまで説明してきたように、物件の資産性と収益性は反比例することが多いです。つまり資産性が低いため積算評価はすごく低いけど、利回りは良いために収益還元法（＝事業性）では評価が高いという二律背反が生じてきます。

そこで積算法をより重視するか、収益還元法をより重視するか、そこに各金融機関の個性が出てきます。一般的には**メガバンクや大手地銀は積算法を重視する**ところが多く、**地銀でも小さいところ、信用金庫や信用組合、ノンバンクは収益還元法を重視する**ところが多いと言えるでしょう。

また、この2つの基準による評価に加えて、勤め先や年収、借金や手持ち資産の有無といった本人の属性も大きな要素になります。そうして総合的に、「この人にお金を貸したら、きちんと利息をつけて返してくれるのか」ということを判断しています。またそれまでの実績があれば、自己資金が少なくても融資が通りやすかったり、有力者やその金融機関と長くつき合いのある人に紹介してもらうことも有利に働きます。

有利なプロパーローンを引き出す

さて、僕の手法では当然、**収益還元法を重視する金融機関にアタック**することになります。金融機関は当然、「地方でも大丈夫なの？」「古い建物でも大丈夫なの？」と不安を感じますから、「空室が多いのは前オーナーが熱心でなかったからで、自分はこういう施策を打っていく」とか、「築古でも耐震補強も兼ねたリフォームを安価に行って再生させます」としっかり説明することです。きちんとリフォームの見積もりを何通りか用意して、以前の募集価格ではなく現況に合った家賃での収支計画を提出し、それも甘い見通しだけでなくネガティブなところも正直に計算した資料を用意しましょう。事業としてどれだけ真剣に取り組むのか、その姿勢を金融機関は見ています。

金融機関には「パッケージローン」と「プロパーローン」と呼ばれる2種があります。

パッケージローンは借り手の年収、建物の経済的残存耐用年数（例：「60年－築年数」を融資の最長期間とするなど自社ルールを設定）、売り上げからローンなどの返済を差し引いてどれくらい残るかを一定の基準で判断して融資の可否を出します。いわば既製品で、担保価値などで判断しやすい積算法に傾きます。対してプロパーローンは、その事業性をしっかり精査して、個別に独自の基準で判断して融資するオーダーメイドです（プロパーには「特有の・独特の」という意味があります）。パッケージローンは保証協会を介すため融通が効きませんが、自社の判断で決めることができるプロパーローンは、収益還元法を主軸にさらに借り手の経験値や事業計画などのアピールが生きてきます。

僕の手法ではパッケージローンとの相性は悪いですが、プロパーローンを引き出せる可能性は大いにあると考えます。実際、表向きでは「年収1000万円以上が融資条件」としている銀行が、年収500万円の人に融資するケースもありますし、「連帯保証人や共同担保が必要」とうたっていながら、実際はそれらを取らないケースもあります。

余談ですが金融機関では今、連帯保証人を取らない流れに向かっています。昔は連帯保証人を立てて当たり前でしたが、最近は「連帯保証人不要」とうたう金融機関も出てきた一方で、「配偶者だけは運命共同体として連帯保証人になってください」という金融機関もあります。法人の場合は「代表者だけが連帯保証人になってください」というケースが多いようで、リスクが限定的に小さくなっている流れは歓迎すべきことかと思います。

可能性の上げ方は人によってさまざまにあると思います。実家に眠っている土地があるなら、共同担保に入れることでそれが融資の決め手になるかもしれません。もちろんそれは同時にリスクであることは事実ですが、リスクを冒さずにチャンスはつかみ取れません。

融資基準というのはあくまで目安であって、まずは相手の懐に飛び込んで相談することです。年収や預貯金など自分の財務状況、物件の資産性と収益性、描いている事業計画を真摯に、熱意を込めて説明して、本当にそれが有望であればきっと耳を傾けてくれるはずです。その際に、**人の紹介、保証人、共同担保、身内からの援助金など、使える手があればなんでも使いましょう。**既に自宅があってリフォームの必要がある人なら、それを現金でやってしまわず、あえてローンを借りて実績を作っておく手もあります。コツコツと返済実績を積み、リフォームの経験値を上げていくのも融資につなげる作戦です。

36 どの金融機関から借りるといい？

具体的にどういった金融機関に当たっていくべきか、融資基準などについて詳しくは追って個別で取り上げるとして、ここではその概論を述べておきます。

まず銀行といえば誰もがまず思い浮かべるのが**「都市銀行＝メガバンク」**でしょう。全国の営業所で融資エリアは日本中を広くカバーし、今の金利は0％台と非常に低いです。しかし結論から言って、メガバンクから借りるのはほとんど無理でしょう。大企業にお勤めでない人、年収の低い人はまず相手にしてもらえませんし、「自己資金は3割用意してください」と言われるのが普通です。融資基準はもちろん「資産性＝積算評価」。彼らのメガネにかなうような資産性の高いもので、われわれが狙うような利回りが高い物件はまず存在しないでしょう。ここは「既にお金持ちの人が借りる」ところであって、「これからお金持ちになろうとする人の手伝いをしてくれる」ところではないのです。

ということでメガバンクは選択肢から消えました。続いて**地方銀行**ですが、これは玉石混交の印象です。「人を育てて地域に貢献する」という企業理念を（その実態はともかくとして）掲げており、エリアは基本的に地元や近県限定で、メガバンクよりも属性などの敷居は低くなりますが、金利は高めになります。数も多いですから銀行によって不動産投資への融資姿勢、融資基準もさまざまです。

また**地元の信用金庫や信用組合**は、さらに地域密着度が増して融資エリアや利用者の居住エリアが地元に限定されます。地銀同様に人を育てて地域の産業を振興するため、より親身に相談に乗ってくれて、プロパーローンへの対応も寛容な印象です。地銀よりも金利はやや高くなりますが、物件の法定耐用年数が過ぎた築古物件、再建築不可でも融資してくれる可能性があります。

そして**ノンバンク**は、金利は高くなりますが、属性の低い人、自己資金の少ない人でも借りやすいのがメリットです。スルガショック以降、多くの金融機関が萎縮する中でもあまり影響を受けずに姿勢を変えなかったため、融資が集中して今も勢いがありますね。融資が集中するあまり、審査に時間がかかるようになったり以前よりも審査の年収制限が厳しくなったりしているという噂もあるくらいです。

さらに、**日本政策金融公庫や商工中金**といった公的金融機関も、民間があまり融資したがらない人や案件に対するセーフティネットとして存在します。特に僕がお勧めする日本政策金融公庫については、136ページから詳しく説明していきます。商工中金については僕が駆け出しの頃に門前払いを食った苦い記憶があるため、中小企業が相手で個人事業主には使いづらいイメージがあったのですが、最近は専業大家でも使っているという話をチラホラ聞くようになりました。

すべての金融機関に言えることですが、いきなり出向いて融資を受けられるかというとなかなか難しいでしょう。でもきちんと事業計画書を用意してアピールすれば、可能性は開けてきます。最初はダメでも、2回3回と持ち込めば、熱意は伝わると思います。また、ひとつの金融機関で相手にされなくても、別の金融機関は迎え入れてくれる可能性もあります。すぐに相談できる金融機関の担当者がいると心強いですから、そうした関係を構築するためにも、労を惜しまず数多くの金融機関を当たってみましょう。

各金融機関の特徴

金融機関	特徴
都市銀行	エリアは日本中を広くカバーし、今の金利は0%台と非常に低い。属性の低い人が借りるのはほぼ無理かも。
地方銀行	エリアは基本的に地元や近県限定。都市銀行よりも敷居は低いものの、金利は都市銀行よりは高め。
信用金庫、信用組合	融資や利用者の居住エリアが地元に限定。地銀よりも金利はやや高いものの、融通は効かせてくれる。
ノンバンク	金利は高いものの、属性の低い人、自己資金の少ない人でも借りやすい。年収制限が厳しくなったという噂も。
日本政策金融公庫	収入の少ない人、自己資金が少ない人のセーフティネット。金利の低い固定金利で借りられる。
商工中金	最近は中小企業以外、専業大家にも門戸を開いているそう。金利の低い固定金利で借りられる。

37 日本政策金融公庫から借りる

日本政策金融公庫（以下、公庫）は2008年に設立された財務省所管の特殊会社で、使途が「事業」であれば個人でも借りられます。賃貸不動産経営は立派な事業ですから、融資を渋られることは基本的にはありません。もちろん日本全国が検討エリアです。

公庫は民業を圧迫せず、民間の金融機関で融資してもらえない案件のために融資を行うのが原則で、収入の少ない人、収入が不安定なフリーランサー、自己資金が少ない人のセーフティネットという位置付けです。**地方であろうと築古で再建築不可であろうと、また金額が小さすぎて民間が相手にしてくれない案件にも融資**してくれますし、**比較的金利の低い固定金利で借りられる**のがうれしいところ。融資基準は非公開となっています（本書では、さまざまな実績や支店担当者とのやり取りに基づいた情報を紹介していきます）。

公庫のメリット、デメリット

さらに**公庫のメリットは、「事業」への融資ということでリフォーム費用や運転資金まで同時に借りやすい**ことです。購入後に大規模修繕の必要性が出てきた場合にも、別途リフォームローンを組むことも可能です。いざとなれば返済スケジュールの引き直しの相談にも乗ってもらいやすく、とても安心な借り入れ先かと思います。周囲の利用実績を見ても、不動産賃貸業（＝投資）への融資はこの本の初版時よりも格段に増えた印象があります。

デメリットとしては、融資期間が短いことです。新版を出した2016年に比べて金利は低くなっていますが、融資期間がさらに短くなったように感じます。融資期間が短いとたとえ金利が低くても月々の支払金額が多くなり、余剰資金をそれほど貯められません。もちろん支払期間も短いため払う利息の総額も少ないのですが、それでも手元に資金が貯まりづらいというのは、物件を買い増していくにはマイナスです。

また、物件への評価は厳しい傾向があります。例えば2000万円の物件に対して、民間の金融機関であれば7割前後、1400万円程度の評価を出すとすれば、公庫の場合は5〜6割、1000万〜1200万円くらいのイメージです（さらにその人の「属性」分の加算もありえますので、この時点であきらめないでほしいです）。こういう物件への評価で安全マージンを取っているわけですね。だから公庫を利用するなら事業計画書を完璧に用意しておいたほうがいいですし、共同担保に入れられる物件や保証人があれば有効活用したいところです。

税務申告が2期未満、事業開始7年以内の人は注目の商品

公庫のHPを見るとさまざまな商品（融資名目）がありますが、一般的に利用しやすいのがその名の通り**「一般貸付」**で、アパートなどの設備資金は10年と据置期間2年以内となっています（以前は「普通貸付」という名前でした）。これまではアパートに「新規開業資金」や「新創業融資制度」といった20年近く借りられる融資名目の適用が身近でしたが、最近は減っているようで、それが「融資期間が短くなった」と感じる要因かなと思います。また**融資の枠も4800万円まで**と少ないですが、そもそも「セーフティネット」ですからあまりぜいたくは言えません。

それでも**初心者が挑戦したいのは「新創業融資制度」**です。これはその事業での**税務申告が2期を終えていない人が対象**です。**融資枠は3000万円**とさらに少ないですが、買う物件が担保として認められればかなりの低金利で借りられます。

無担保で利用すると金利が上がりますし、一件当たりの金額もあまり伸びず、よくて500万円とか600万円レベルだという話もあります。一棟アパートで利用するのは現実的ではないと思いますが、担保価値のつかないボロボロの戸建てを再生させるような場合や、リフォームローンで利用するにはジャストかと思います。

また**「新規開業資金」**と、その派生商品のような**「女性、若者／シニア起業家支援資金」**というものもあります。これは**事業開始後、概ね7年以内の人が対象**で、金利が低く、融資期間も最長20年と長く、さらには**融資枠も7200万円**あり、これを利用できればメリットは大きいです。ただし注釈には「新たに営もうとする事業について、適正な事業計画書を策定しており、当該計画を遂行する能力が十分あると認められる方に限る」とあり、ここを突破するのが難しいのかなと感じます。

公庫に確認したところでは、「その事業の経験のある人、以前同じ業界にいた人が独立して開業する場合」などを想定しているようです。公庫ではいろんな商品がありますが、それらは融資を受ける側が選べるわけではなく、もちろんこちらもアピールしますが、物件の件の資料や事業計画書を検討しながら、あくまで公庫側が決めるものです。ですからその担当者に、いかに「新規開業資金を適用して相応だな」と思わせる事業計画書を作れるかがポイントとなります。押さえるべきコツとしては、想定される空室期間や修繕費用もきちんと加味した、現実味のある事業計画書を作成するよう心がけましょう。

支店や担当者によって、融資姿勢に温度差

またこれらの融資制度は、融資名目や申し込み人の名義ごとに枠がありますので、1棟

目と2棟目は個人で買って、きちんと満室で経営して、それから奥さん名義で「女性、若者／シニア起業家支援資金」、または自分で会社を作って「新規開業資金」で大きな物件を買ってもいいわけです。現に僕の大家仲間は、家族がアパートを経営する法人で一般貸付を限度額まで利用したあと、新規で会社を設立して新規開業資金から6000万円を借り、新築アパートを2棟建てました。こういった融資制度は呼称や期間などの条件がしばしば変更されますので、日本政策金融公庫のHPを定期的にチェックするといいでしょう。

なお、同じ商品でも金利に幅はありますが、基本的に最も低い利率が適用されます。公的機関として、要件を満たしているのに高い利率を適用するとあとで問題になる可能性があるためと考えられます。

最後に、**公庫は支店や担当者によって融資姿勢にかなり温度差がある**という話を聞きます。不動産賃貸業（＝投資）に対して積極的でない人もいて、そうした人に当たると物件の評価も低く出たりします。どの支店を利用するかは、「まず居住地の最寄りの支店」と言われますが、物件の所在地、勤務先の近くなど、なんらかの理由がつけば大丈夫なようです。**一度取り引きを始めてしまうと、次からそこが窓口として固定されてしまいます。**

情報収集については、売買の仲介業者さんが公庫の担当者にパイプを持っている場合もありますから相談してみるといいと思います。

38 日本政策金融公庫の利用シミュレーション

公庫を利用しながら「年間家賃収入1000万円」を達成するシミュレーションを行ってみましょう。

1棟目に「新創業融資制度」もしくは「新規開業資金」「女性、若者／シニア起業家支援資金」を利用できれば融資期間が長く稼げる分、月々の余剰金も増えて理想ですが、ここではすべて「一般貸付」の利用を前提とします。一般貸付の融資上限は4800万円ですが、返済が進めば借り入れ元本が減っていくため、理論上は10年間で1600万円の物件を5棟買うことが可能です。

まず**300万円の自己資金を貯めて、1棟目として1600万円のアパートを購入**します。**表面利回りは13%で、家賃収入は年間で208万円（月に約17万3000円）**です。

諸費用として100万円ほどかかり、総取得費用は1700万円とします。

自己資金は300万円ですから、1700万円との差額で1400万円の融資を引き出します。最大限のキャッシュフローを目指して、融資期間は10年としましょう。月々の返済額は、12万3315円になります（金利1・11%の場合）。

そして以下、だいたいの金額設定で、そのほかの出費を列挙します。

- 管理料……家賃の5％として年間10・4万円（月8667円）
- 共用電気代……年間1万800円（月900円）
- 固定資産税など税金……年間6万円（月5000円）
- 火災保険料（共済）……年間3万円（月2500円）
- 修繕積立金……年間10万円（月8333円）

これらが月に小計2万5400円で、**ローンと合計して月々の支出は約14万9000円**となります。

月の家賃収入が約17万3000円ですから、月々2万4608円（≒2・5万円）がキャッシュフローとして生まれます。9割の入居率でトントン、入居率が8割になると赤字ですから、多少の持ち出しは覚悟するとしても必死に入居付けしないといけません。

満室経営で月に約2・5万円のキャッシュフローでは少ないと感じるでしょうが、これは最も融資が出やすい一般貸付でローンを組んでいるためです。**晴れて借金がなくなれば自分の資産になる**わけですから、十分にやる価値はあると考えています。

そして、満室経営であれば月々およそ2・5万円、年間で約30万円が貯まっていきます。本業を頑張って収入を少しでも増やすとともに、生活費も倹約して再び300万円を貯め、

日本政策金融公庫の利用シミュレーション

自己資金300万円で1600万円のアパートを購入

1700万円（アパート＋諸費用） － 300万円（自己資金） ＝ 1400万円（不足金額）

1400万円の融資を受ける

10年間、金利固定
1.11％（1400万円）

月々のローン返済：12万円3315円
月額管理費：8677円
ほか出費：1万6733円

支出合計　14万8725円

月々のキャッシュフロー

17万3333円（月額家賃収入） － 14万8725円（支出） ＝ 2万4608円

10年後に1600万円のアパートを5棟所有した場合

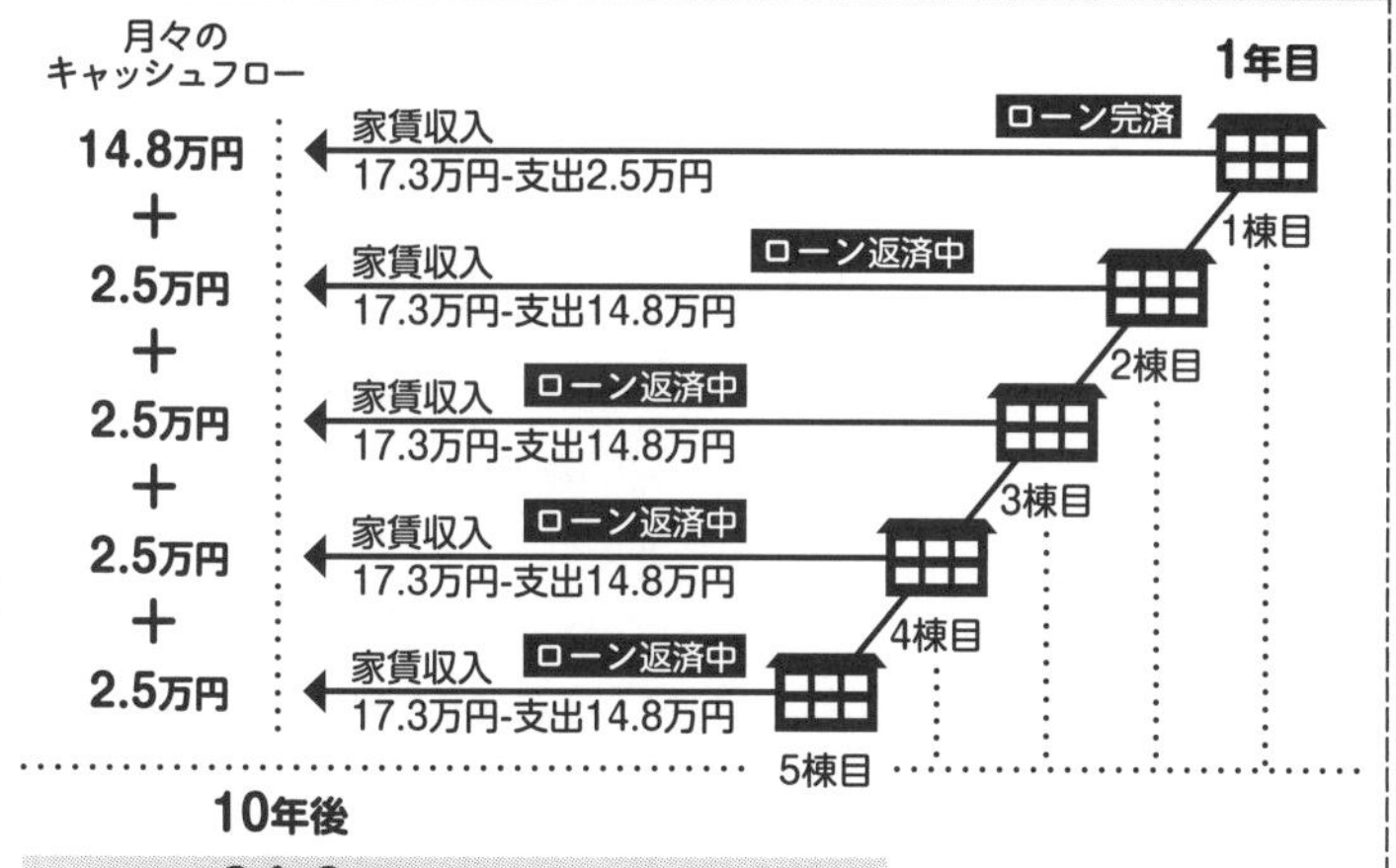

10年後
月に約24.8万円のキャッシュフロー

※千円未満は四捨五入

1年おきに1600万円程度の物件を見つけて公庫に融資を打診します。足りない分は返済が進んだ物件の担保余力を共同担保とし、上限の4800万円に達するまで融資を繰り返します。

そうすれば、満室経営で退去時のリフォームも考慮しない理論値ではありますが、**1棟目のローンを完済した11年後には月に約24・8万円（14・8万円＋2・5万円×4棟）のキャッシュフロー**があるという状態になります。あとは繰り上げ返済をしていけば、無借金の状態で「年間家賃収入1000万円」になるのはすぐそこです。

もしも「新規開業資金」で1棟目を借りることができれば、融資期間を長くしてキャッシュフローを増やす戦術も有効です。その分完済までの時間は延びることになりますが、2棟目、3棟目と買い増ししていくための自己資金が早く貯まりますから、それもまたひとつの方法です。状況に合わせてアレンジしていきましょう。

ちなみにもうひとつ、同じ物件を表面利回り18％で購入できた場合のシミュレーションも次ページに載せておきます。5％利回りが違うだけで、初年度の月々のキャッシュフローが3倍あまり違ってきます。利回りというのはそれだけ偉大なんですね。ですから物件選びの段階から利回りにはとことんこだわり、価格交渉やリフォームを安く収める術を学ぶことが大事なのです。たとえ1％でも妥協せず、労を惜しまないようにしたいものです。

表面利回り18%の場合のシミュレーション

自己資金300万円で1600万円のアパートを購入

1700万円（アパート+諸費用） − 300万円（自己資金） ＝ 1400万円（不足金額）

1400万円の融資を受ける

10年間、金利固定
1.11%(1400万円)

月々のローン返済：12万円3315円
月額管理費：1万2000円
ほか出費：1万9533円

支出合計　15万4848円

月々のキャッシュフロー

24万円（月額家賃収入） − 15万4848円（支出） ＝ 8万5152円

10年後に1600万円のアパートを5棟所有した場合

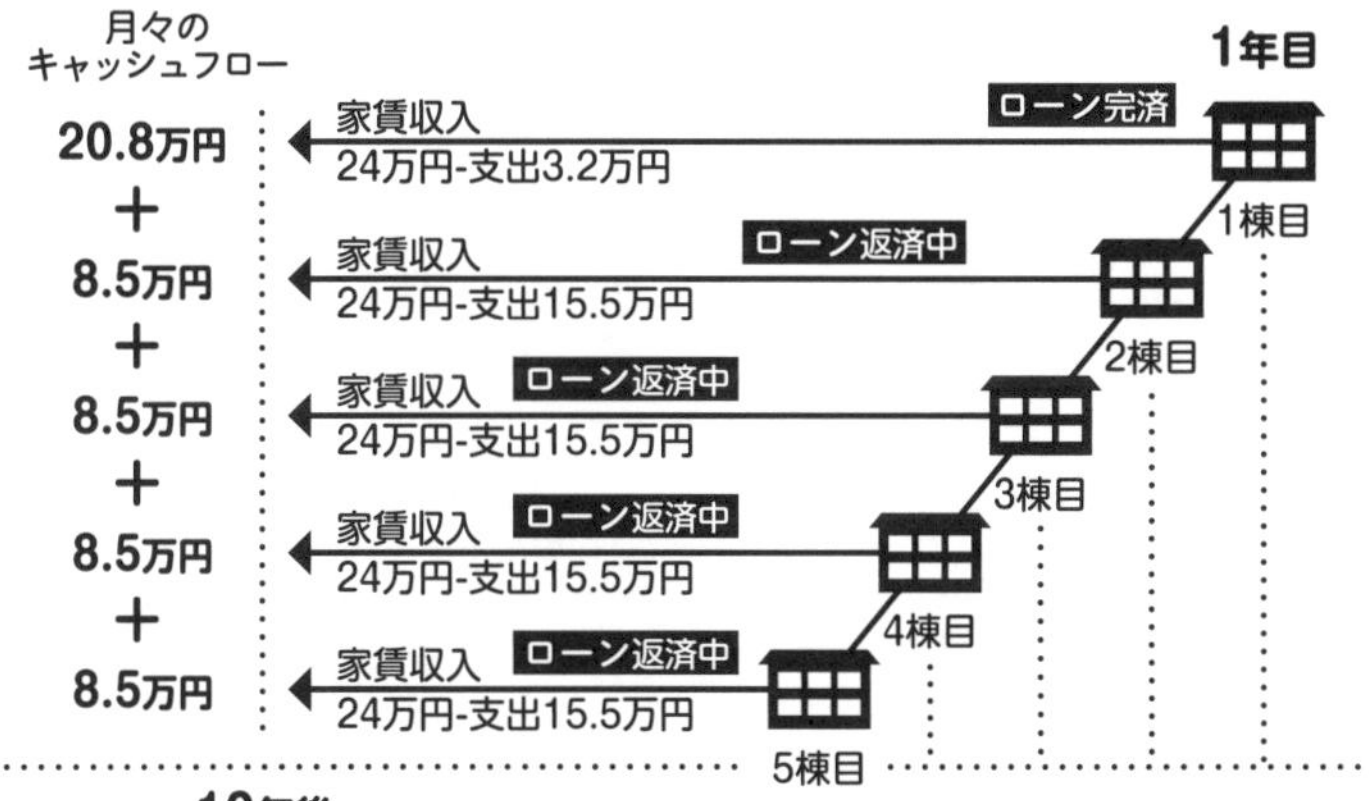

10年後
月に約54.8万円のキャッシュフロー

※千円未満は四捨五入

39 お勧めの地銀、信金、信組、ノンバンク

僕の手法ではまず日本政策金融公庫の利用がお勧めとなりますが、融資期間の短さや物件評価の厳しさなどで選択から外れる場合もあると思います。不動産投資にあまり理解のない支店や担当者に当たる場合もありますからね。

そこで以下に、不動産投資に積極的な地銀、信金、信組、ノンバンクを紹介していきます。いずれも不動産投資家の間で話題になっている金融機関ばかりですが、あくまで2021年夏時点の情報で、融資姿勢はコロコロ変わりがちです。たとえひとつに断られても、それは縁がなかったものと切り替えて、次のところに当たっていきましょう。

金融機関名	年収	期間	金利	評価の仕方	備考
スルガ銀行	基本は1000万円と言われるが……	50年－築年数、最長30年（木造）	1%台と都銀並みの低金利	基本は収益還元法	エリアは全国。審査スピードがものすごく速いのも魅力。共同担保は取らない主義に変更された
静岡銀行	700万円 自宅所有の必要も	法定耐用年数切れも可能性有	3%台	不明（収益還元法寄り？）	商品名「ワイドローン」。再建築不可の物件はNG。融資の上限は1億円以内。属性や物件次第でフルローンの可能性も
SBJ銀行	なし。自己資金は1～3割必要	法定耐用年数超え可能 最長35年	2.875%～3.575%	基本は収益還元法	融資上限は1億円。駅から徒歩15分以内、バス便はNG。共同担保は取らない。原則として配偶者は連帯保証人となる

横浜幸銀信用組合	不明、専業大家や事業者向け	法定耐用年数以内 木造は22年	2%台～	収益還元法と積算法の両面	融資額は物件評価の75～80%
東京ベイ信用金庫	なし	法定耐用年数超え可能。最長35年	2・775%～6・775%（保証料込）	不明（収益還元法寄り？）	エリアは東京都、千葉県、埼玉県と茨城県の一部
オリックス銀行	年収５００万円以上	40年－築年数（木造）金利上乗せで延長	3・3～3・675%	不明（収益還元法寄り？）	エリアは首都圏、近畿圏、名古屋市、福岡市。札幌や仙台、北関東、東海圏、北九州市、久留米市、熊本市も取り扱いできる場合がある
横浜銀行	神奈川県内７００万円 都内支店は１０００万円	構造ごとの規定年数－築年数	1・0%～	収益還元法と積算法の両面	融資割合は「自己資金を50%」という人からフルローンが出る人までさまざま。プロパーローンは上記条件に限らない
香川銀行	表向きは「なし」（５００万円以上）	50年－築年数（木造）35年以内	2～2・8%	不明（収益還元法寄り？）	1都3県の物件を購入する場合、住民票が東京都、神奈川県、埼玉県、千葉県のいずれかにあることが条件
徳島大正銀行	１０００万円以上	50年－築年数（木造）	2%前後	不明（収益還元法寄り？）	エリアは支店から1時間圏内（東京都、四国4県、大阪府、兵庫県）
千葉銀行	１０００万円以上 ２０００万円の噂も……	不明 築古には厳しい	1・0%～	収益還元法と積算法の両面	法定耐用年数超過の家賃収入は審査されない。ローンの返済分はマイナス査定。新築は土地代込みのフルローンも可能性あり
東日本銀行	不明、専業大家や事業者向け	基本的に法定耐用年数以内	1・5%～	不明（積算法寄り？）	エリアは東京都、千葉県、埼玉県、神奈川県、茨城県、栃木県
三井住友トラストL&F	なし	法定耐用年数超え可能 中古30年以内	2・9～4・4%（団信なし）3・3～4・8%（団信あり）	積算法	共同担保でフルローンの可能性も。借り入れ金額が５０００万円を超えると金利が2・9%に優遇。再建築不可でもOK
セゾンファンデックス	不明	法定耐用年数超え可能 最長25年	2・65～4・45%（変動金利）4・5～9・9%（固定金利）	不明（積算法寄り？）	全国に対応

40 スルガ銀行から借りる

低所得者であっても金利は若干高めですが融資をしてくれて、「最後の砦」といわれてきた地銀の雄、スルガ銀行。

しかし2018年に発覚した「かぼちゃの馬車事件」で大きくそのイメージはダウンしました。ちなみに事件の被害者たちが起こした集団訴訟は2020年3月、「不動産の物納を条件に借金帳消し」で双方が合意して解決。賠償金の総額は440億円となりました。事業の縮小を余儀なくされ、2021年現在も経営再建中ですが、実は2020年度も黒字だったそうで、企業としての底力は相当なものです。

もともとスルガ銀行は不動産投資への積極姿勢で知られ、かつては木造の築古物件でも20年や30年の長期ローンを受けさせてくれた時期もありました。しかし銀行の融資基準は景気や社会情勢でコロコロ変わるもので、この本の初版時の2010年は「木造への融資期間は法定耐用年数以内」という残念な規定に変わっていました。つまり木造だと新築か新築同様のものしか対応しないということですね。ただ、それも今は変わり、**木造や軽量鉄骨造は50年から築年数を引いた数字までで、最長30年。**つまり築30年の物件なら20年の融資が可能ということです。

基本的に**物件評価は収益還元法**を重視なので僕の手法とは相性がよく、僕自身も小山のマンションを購入した際にお世話になりました。当時は金利も割高でしたが、今ではだいぶ金利が低くなりました。変動金利ですが、1%台なんて都銀並みです。しかも投資家の間ではスルガの変動金利は「変動しない」ことで有名です（もちろん絶対に変動しないという保証はありませんが）。融資枠も10億円までと、これも都銀並み。**地銀ですが全国規模で展開**していて、しかも**審査が1週間以内と早い**のはスルガならでは。準備ができていれば2日で融資が下りるそうで、ほかの買い手とスピード勝負になっても心強いです。

しかし残念なことに近年は**「属性の審査も都銀並みになった」**という声が聞かれます。年収1000万円が基本となるそうですが、これは厳格なルールでもなく、実際には年収500万円でも金融資産が多い人には下りていたりしますから、やっぱりスルガだなと思いました。また借金が多いと融資にはマイナスになることが多いですが、スルガは金融資産を重視するので、返済の残った物件を多数抱えた状態でも可能性があります。

ただ、借り換えに対しては厳しく、5年以内に借り換えるとペナルティは繰り上げ返済額の2%と負担が大きいです。かつては金利が割高で借り換えられまくったせいだと思いますが（僕も借り換えました）、今は低金利なのでそれほど問題ではないとは思います。

41 静岡銀行から借りる

静岡市に本社を置く、通称「しずぎん」。地銀では3番目の規模を誇り、その堅実な行風と厳しい貸し付け姿勢から「シブ銀」と揶揄されたのは昔の話。今や不動産投資に積極的な銀行のひとつとして投資家の間で活用されています。

「ワイドローン」という商品があり、通常のローンと違って法定耐用年数切れの築古にも融資の可能性があります。スルガショックで厳しくなった時期もありましたが、今はそれがまたゆるみ始めている印象です。金利は3％台と高めで、仮承認まで約1週間と審査スピードもスルガ銀行ほどではありませんが早いです。

しかし年収の目安が700万円と言われているのと、ワイドローンの利用条件に「自己名義の居住用不動産を所有している人」とあり、つまり**自宅を持っている人でないと融資しない**というのはネックになります。ちなみに「アパートローン」という商品もありますが、これは土地持ちの方が新築するときや相続対策に向けたもののようです。

エリアは静岡県、神奈川県（三浦海岸付近を除く）、東京都、埼玉県と千葉県（いずれも東京に近いエリアのみ）、名古屋市内、大阪市内をカバーします。

42 SBJ銀行から借りる

「SB」とあってもソフトバンクとは関係ありません。2009年に東京で発足した韓国系資本の日本法人で、全国銀行協会にも加盟しています。

「ANY住宅ローン」という商品があり、**審査は収益還元法を重視**。築古物件に対しては「古すぎると難しい」そうなので、だいたい平成築以降が望ましいのかなというイメージですが、厳密に築何年だからダメという決まりもないようです。法定耐用年数を超えていても可能性はあり、属性が良かったり金融資産があったり、担当者の方とのタイミングが良ければ融資期間も伸びる印象です。

融資額は「販売価格もしくはSBJ評価から低いほうの9割まで」だそうで、つまり販売価格が2000万円でも、SBJ評価が1600万円であれば、その9割の1440万円が上限になるということです。金利もやや高めな印象です。

年収条件がなく、自己資金は1割から3割。うまくいけば1割の自己資金と諸費用くらいで済むのがメリットでしょうか。**融資可能エリアは関東、関西、愛知、福岡周辺の大都市圏**をカバーしています。

43 横浜幸銀信用組合から借りる

この本の2016年刊の新版で紹介した「横浜中央信用組合」が、「九州幸銀信用組合」と合併して2017年に誕生したのが「横浜幸銀信用組合」です。もともと不動産融資に積極的でしたが、**合併によって九州エリアにも強くなり、支店のある16県全域をカバーエリア**とするなどよりパワーアップしました。合併後も本店は横浜市にあります。

積算法と収益還元法の両面で審査し、融資額は物件価格の75～80％。金利は2％台と、信用組合としては低めです。融資期間は法定耐用年数以内となっているので、築古物件は厳しいです。政府方針に逆行して（？）、なぜかサラリーマン大家（副業）は対象外だそうですが、専業大家やフリーランス、個人事業主であれば相談してみるのも手かなと思います。**大家として実績を積み、新築に挑戦するようなステージの人向け**でしょうか。

16県内に申し込める窓口があるということは心強いです。支店のある県内に申し込み人の所在地が必要で、なおかつ物件も支店のある県内でないとダメという条件はありますが、ほかの金融機関では「同じ市内」とするところもあるので、「県内でＯＫ」というのはゆるめだなと思います。

44 東京ベイ信用金庫から借りる

「東京ベイ」と名乗っていますが、千葉県の信用金庫です。千葉県浦安市にあるけど東京ディズニーランド……みたいなものでしょうか。

ここの最大の特徴は、163ページで取り上げるノンバンクのセゾンファンデックスの保証付き融資になることです。一般的な信用金庫は「信用保証協会付き融資」になりますが、保証料は発生するものの、**セゾンファンデックスが保証人になってくれるので借りやすくなる**ということですね。年収による制限はなく、法定耐用年数超えの築古にも融資可能で、期間は35年まで。変動金利で幅はありますが、実際には3％台の融資が多いと聞きますから、保証料込みであることを考えれば良心的ではないでしょうか。

融資エリアがまたおもしろくて、**東京、千葉、埼玉に加えて茨城県も一部**が入ってきます。全域ではないのですが、僕の所有物件がある、電車の走ってない茨城県坂東市も対象になっていました。

ここはもし取り引きできれば魅力的ですね。年収による制限もないし、古くてもＯＫだし、金利は少し高めになりますが、それでも良心的かなと思います。

45 オリックス銀行から借りる

オリックス銀行は店舗網やATMを持たず、投資用不動産ローンなど得意分野に特化した商品・サービス展開で知られています。

年収制限はサラリーマンの場合500万円以上。自営業者は年収ではなく、500万円以上の所得証明が3期分必要です。融資期間は木造・軽量鉄骨は40年から築年数を引いた期間になりますが、金利を上乗せすれば延長の余地があるそうです。0・2％乗せるといったレベルのようなので、結構古くても伸ばせると思います。

おもしろいのは借り換えを受け入れていることで、残存年数に縛られずに35年が可能とのこと。他行でめいっぱい借りている人が、残存年数が短かったりするものを全部ここにまとめてしまうなんて使い方ができそうです。

ただ気をつけなければいけないのは、**融資可能金額は年収の10～12倍まで（自宅やアパート、車のローン分は減額対象）**という条件がある点です。つまり物件を増やして家賃収入が増えていくと借りられなくなるということで、**投資の最初の段階でないと使えないと**いうことですね。計画的に利用しましょう。

46 横浜銀行から借りる

横浜銀行は神奈川県および東京都町田市を経営基盤とする日本最大の地方銀行で、**神奈川、東京、大阪、愛知、埼玉、群馬に支店**を構えます。なぜか群馬が入っているのは、明治時代に群馬名産の絹織物を貿易港である横浜から輸出していた名残りのようです。

日本最大の地銀だけあって金利は1・0%からと非常に低いですが、年収制限も1000万円と言われます。ただ、地元の神奈川県内の支店エリアでは700万円だそうです。

融資には積算法と収益還元法の両方を使い、融資割合は自己資金50%と言われる人もいれば10%だったりフルローンが出る人までさまざまです。期間は構造ごとの法定耐用年数から築年数を引いた数字なので、築古には厳しいです。また再建築不可もダメで、容積率や建ぺい率がオーバーしているような違法建築にも融資しません。

使いづらく見えますが、実はここは**プロパーローンが盛ん**で、属性の高い人だと築40年の鉄骨造に30年の融資を提案されたり、エリアも水戸で買えたりという報告もあります。

融資割合についてもそうですが、かなり個人を見て融資を出している印象ですので、表の情報だけであきらめず、属性に自信があればトライをお勧めします。

47 香川銀行と徳島大正銀行から借りる

香川銀行は香川県の高松市に本社がある第二地銀です。近年は東京や大阪にも支店を出して不動産融資にも力を入れていて、築古にも融資することから投資家の間で知名度が急上昇中。**融資エリアは、関東であれば東京、神奈川、埼玉、千葉の1都3県（港区、新宿区、江東区の支店から1時間圏内）ほか、四国4県、岡山、広島、大阪府**となっています。

対象は個人のみで、事業規模になっていない人。その目安は「5棟ないし10室まで、もしくは青色申告未満」とのことでした。「年収制限なし」をうたっていますが、実際は「限りなく500万円以上」という噂も。金額は1000万円以上ですから、戸建てなど小さな物件には向きませんね。一方で**年収の6倍程度が融資の上限となっていますから、これも最初の段階で使うべき銀行**でしょう。

融資期間は35年以内、かつ完済年齢が75歳まで（医師と士業は80歳までを検討中とのこと）。木造や軽量鉄骨は60年から築年数を引いた数字ということで、法定耐用年数オーバーの築古にも可能性は十分にあります。再建築不可物件やシェアハウスはNG。自己資金は2割と諸費用が目安となり、金利は変動で割と低めですが、別途で保証料がかかります。

その保証料は一括払いなら1・95％ですが、返済の金額に乗せて分割払いにしてしまうと、保証料分の金利だけ約5・7％に跳ね上がってしまいます。だから保証料だけは先に一括で払ったほうがいいですね。ちなみに、ネットバンキングの「セルフうどん支店」というのがあって、そこの定期預金金利は日本一高いと言われているそうです。

年収が高めで融資エリアに該当する人なら

また2020年に徳島銀行と大正銀行が合併して発足した**徳島大正銀行**は、香川銀行と同じく「トモニホールディングス」傘下の第二地銀で、同様に不動産への融資も積極的に行っています。**融資エリアも非常に近いですが、香川銀行から岡山と広島を抜いて兵庫を加えた感じ**です。

対象が5棟10室の事業規模以下の個人のみで、融資期間も60年から築年数を引いた数字のため、法定耐用年数オーバーの築古に可能性は十分にあるのも香川銀行と同様です。異なるのは融資上限が年収の「10倍」（既存の借り入れを差し引く）までというところ。また自己資金は目安として1割プラス諸費用ということで、それらだけ見るとより使いやすいのかなという印象ですが、**年収制限は1000万円以上**だとか……。特に四国を本拠地とする人は覚えておいていいのではないでしょうか。

48 千葉銀行から借りる

地銀で総資産2位を誇る千葉銀行も今、不動産投資にアツい銀行として投資家から注目を浴びています。特にスルガショック以降、**新築に対してやたらと積極姿勢**が目立ちます。耐用年数に厳しく、築古どころか中古というだけでほぼノーチャンス。一方、新築であれば、1%台からと低金利でバンバン融資を出しています。土地代も合わせて融資してくれるので、地主でなくても投資家が土地から購入して新築するケースに使えます。自己資金は1割プラス諸費用ですが、利回り7%以上出るならフルローンも可能なようです。

年収は1000万円以上。最近では2000万円に上がったという噂も……。これも横浜銀行同様、千葉県内の支店は優遇されます。またパッケージローンでは1億円が融資上限ですが、プロパーローンもガンガン出していて、10億円でも20億円でも個人に貸し付けています。築古木造に10年の融資が下りた事例もあるので、プロパーでは個別に対応して出してくれる可能性はあります。融資手数料が他行より安いことも魅力です。

もともと融資の姿勢がものすごく流動的で、すごく厳しかったり急に積極的になったりしてきただけに、年収制限や築古に対しても姿勢が変わることを期待しましょう。

49 東日本銀行から借りる

本社は東京ですが、水戸市で創業されて茨城県に支店数も多い東日本銀行。**融資エリアは群馬以外の関東一円**をカバーしています。

パッケージローンがなくて**プロパーローンのみ**というのが特徴。ですから上限の設定は特になく、自己資金の目安は物件価格の2割プラス諸費用で、共同担保の受け入れも可能です。金利は1・5％からと低めですが、融資期間は基本的に法定耐用年数以内ということですから築古には厳しいと思われます。以前は築古にもバンバン出していたのですが、2018年に不正融資で金融庁から業務改善命令を受けているため、自粛ムードなのかもしれません。特にサラリーマン大家向けの融資は厳しくなっている印象です。

申し込み人の居住地が支店と同じ市内にあることが必須で、隣接する市町村ではダメとのことなので、意外と使えそうで使えない感じもあります。とはいえ専業大家さんや事業者にとっては、新築でエリアなどの条件が合えば、金利も低くて頼れる銀行なのかなと思います。人を選ぶ銀行だと思いますが、茨城県でこれからやっていこうという人など、ハマる人にはハマる銀行と言えそうです。

50 三井住友トラストL&Fから借りる

かつては「ライフ住宅ローン」として知られたノンバンクで、三井住友グループの傘下となった今も、都心の築古で融資を受ける場合に日本政策金融公庫と並んで最初の選択肢となるのが三井住友トラストL&F（ローン&ファイナンス）です。

最大の特徴は、普通の銀行が相手にしてくれないような難アリ物件にも果敢に融資してくれることです。築古で法定耐用年数超えはもちろん（築60年の物件にも融資が出たとか！）、**ボロ、全空室、再建築不可、建ぺい率や容積率オーバーの違法建築、狭小（つまり少額でも可）、連棟式（屋根がひとつで壁で仕切られた長屋式）、借地権などなど**、基本的にどんな物件でも、再生計画がしっかりしていれば対応しています。そんな中でもシェアハウスだけはNGとのことです（かぼちゃの馬車事件の影響でしょう）。

年収による足切りはなく、しかも公庫だと融資期間は通常10年、長くても20年以内が限度ですが、ここは**最長30年（新築なら35年）**の融資が可能です。

ただしノンバンクですから金利は高めで、変動金利なので将来の上昇リスクは覚悟が必要ですが、ここ10年くらいは「金利が上がった」という話は聞きません。また原則として、実家なり自宅なりの共同担保が必要になります。共同担保は場所にもよりますが遠隔地でもいいそうで、評価として数百万円くらいの戸建てでも、ローンが残っていても大丈夫とのこと。もしも共同担保がない場合には、自己資金を2割から3割求められます。

また特徴として、団体信用生命保険（団信）アリとナシで金利設定が変わることが挙げられます。団信とは、ローンの返済中に契約者に万が一のことがあっても契約者の家族が困窮することのないよう、ローン残額の肩代わりをしてもらえる専用の保険です。当然、団信アリの場合は金利が0・4％高くなります。実態としては団信ナシで3・9％で借りているケースが圧倒的に多いようです。また借り入れ金額が5000万円を超えると金利がさらに優遇されます。

なおノンバンクならではの金利の高さがありますが、一般的に銀行と違って金利交渉が難しいのもネックです。ですから金利交渉より、しっかり運営して借り換えを狙ったほうがいいでしょう。借り換えペナルティは繰り上げ返済額の2％なので、それほど大きな負担ではないと思います。

三井住友トラストL&Fの利用シミュレーション

ここで、公庫のときと同じシミュレーションを適用してみましょう。

同様に自己資金300万円、物件価格1600万円＋諸費用100万円として、足りない1400万円をここでは30年で借りたとします。金利3・9％で計算すると、月々のローン返済額は6万6000円です。

公庫では借り入れ期間10年で、満室時キャッシュフローは月に2万4608円でしたが、こちらの満室時キャッシュフローは月に約8万1000円になります。

それをすべて貯金すれば年に約100万円。本業を頑張って生活費を倹約すれば、次の物件を買う頭金も比較的すぐに用意できるでしょうから、物件を増やしていくスピード感が違います。そうやって数年間で物件を増やしていき、「年間家賃収入1000万円」を達成したらキャッシュフローをどんどん繰り上げ返済していけばいいのです。

デメリットとしては、積算評価で、それも土地の実勢価格を重視するので、狭い土地に建っている物件は収益がすごくよくても評価が低くなり、融資がつかないケースもあるといいます。また融資エリアも1都3県に限られます。

とはいえ、**「基本的には超築古でも、全部空室でもＯＫ」という貴重な金融機関**であることには違いありません。エリアの条件はありますが、共同担保や自己資金、個人属性次第なので、入り口であきらめないでほしいと思います。築古だけど高利回りの物件を狙うのならば、その存在をしっかり覚えておきましょう。

51 セゾンファンデックスから借りる

クレジットカードで有名なクレディセゾングループのノンバンクで、「事業者向け不動産担保ローン」という商品が用意されており、**全国に対応**しているのがまずメリットになります。金利は変動と固定が選べて、固定だとかなり割高です。変動では実質3・65％に収まるケースが多いようです。

融資は物件の評価額（購入金額と必ずしもイコールではありません）の70〜80％は出るようです。法定耐用年数オーバーでも融資可能で、立地を重視するらしく、土地値が高ければそれだけ有利だとか。逆に駅から遠いと減額される傾向にあるそうです。共同担保を受け入れているので、フルローンも可能性が出てきます。

「空室でもOK」とうたっていますが、実際に戸建ての築古で申し込んだ人の例では、入居者ナシ物件では断られ、同じような物件で入居者アリだとすんなりOKだったそうで、築古物件といっても本当に家賃が入るのかを相当シビアに判断するようです。

解約ペナルティは残高の3％以内と高めですが、繰り上げ返済に手数料はかからないので、ある程度しっかり残債を減らしてから借り換えするのがいいと思います。

52 なんといっても現金は強し

さまざまな金融機関を見てきましたが、身もフタもないことを言いますと、**やはり現金が多くあるに越したことはない**です。全体的に利回りが低下している中で、高利回りの物件というのはそれだけ貴重で、優良物件は奪い合いになってきます。並みいる競合を押さえて購入するには、やはり現金が多いほど有利になります。

それに融資を受けて買う場合は、どうしてもあまり強気に値引き交渉できないはずです。売主の立場では「融資は下りるのかな。本当にこの人は買ってくれるのかな?」と疑いの目で見るでしょうから、安易に値下げして手の内を晒そうとはしないでしょう。

例えば売値2500万円の物件に対して、「融資で借りられるお金は頑張って2200万円」という買い手が現れたとします。そこへ「すべて現金で支払うから2000万円で売ってほしい」という人が現れたら、売主はおそらく現金2000万円の人のほうを選択するのではないでしょうか。

融資が下りるかどうかは不確実ですが、口座に現金があるなら確実です。融資の結果を待って、ダメだったら現金客に乗り換えられれば最高ですが、2週間も3週間も待って結局ダメで、その間に現金で支払う買い手にほかの物件に目移りされたら最悪です。現金を持っている人ほど、交渉の場では強いのです。

また融資を受ける場合でも、自己資金が1割しかないのと半分あるのとでは、まったく融資の引きやすさが違います。それを実際に頭金に入れるかどうかは別にしても、お金を持っているほど、「この人になら貸しても大丈夫」という安心感が増します。

しかし持たざる者は「無い袖は振れない」わけで、必死に現金を貯めながら、物件の情報ばかりでなく、融資を引くために金融機関の情報にも敏感でいるべきです。たびたび説明してきたように、銀行の融資基準は景気や社会情勢でコロコロ変わりますから。

なお極論すれば、1000万円以下であればカードローンを使ってお金を借りることもできるでしょう。金利は十数%取られますが、ボロボロの戸建てをとことん安く再生する場合など、リフォーム費を含めた利回りが30%を超えるような物件であれば十分にお釣りがきます。実際に僕の知人にはそうやって、どうしても欲しい物件に関してはカードローンを使ってお金を工面し、物件の運営をしている人がいます。

リスクを見極める力と計画力、そして決断力があれば、そういう奥の手でさえ使いこなせるのです。「融資が渋い」と不平を言っていてもなにも始まりません。自分の経営者としてのセンスと力を日々磨き続けることが大事です。

53 「融資を引く＝購入」がゴールではない

今まで説明してきた通り、地方郊外や都心の築古物件というのは金融機関の喜ぶ融資対象ではないために、1棟目の融資を引くのはかなり労力を使うと思います。金融機関の担当者と信頼関係を築くには、やはり実際に取り引きをしていないと難しいですし、どんな事業計画書なら納得してもらえるのかコツをつかむのも、ある程度は数をこなすことが必要です。持ち家や実家を共同担保にするなら家族を説得しなければならないわけで、どれもそう簡単なことではありません。

しかし**1棟目をしっかり収益を生みだす物件として再生させ、ローンをきちんと返しつつ現金も貯まっていく状態を作れたら、2棟目、3棟目の融資はそれほど苦労せずに受けられる**と思います。

なぜなら、1棟目の事業実績を評価してもらえるからです。稼働率がよければ、銀行はよい評価を下してくれます。全空室に近いような物件をV字回復して高稼働させていたら、「この人になら貸してもいい」ということになるでしょう。

僕の知人の女性大家さんは、主婦をしながら不動産投資を始めました。女性でパートという属性では、最初は金融機関にまったく相手にされなかったそうです。仕方なくOL時代に貯めたなけなしの現金で少額の区分所有マンションを買い、そこから金融機関とのつき合いを始めていきました。

まずは50万円とか100万円以下のリフォーム資金を借り、数をこなすことで実績を作りました。たとえ手元にそれなりに現金があってもわざわざ利子を払って借りて、それをしっかり返していく。そうすると取り引き実績が蓄積され、信用もついてきます。家賃も入ってくるので、そんなに負担はかからなかったそうです。

そうしてやがては物件購入の融資も受けられるようになり、今ではボロ物件や空室物件などにもバンバン融資をつけてもらっているとか。10年で念願だった20世帯を達成し、今は月収も70万円からあるとお聞きしました。

1棟目は必死で経営して次のステップへ

えてして最初から最高点を叩き出そうとすると、目標が高いだけに挫折しやすいものです。「急がば回れ」という言葉もあります。年収が低くて、資産もない、金融機関が相手にしてくれないような人でも、知恵を絞れば戦い方は必ずあるのです。なにより大事な「信用」を得るために、必要なのは「状況分析」と「作戦の組み立て方」です。

短期間で続けて物件を買う資金力のない人でも、満室に近い経営ができていけば、ローンの残債が減って担保余力が生まれてきます。頭金も貯まっていって、実績とともに融資を引くための武器はどんどん増えていきます。

購入した物件をしっかり稼働させていくことで、金融機関のパイプもできていきます。金融機関は担当者が2年や3年で入れ替わってしまいますが、大家さんがしっかり返済しているという「信用」は継承されます（ただし担当者が代わることや、銀行の方針自体の転換によって対応がガラッと変わることもありますが……）。

ですからとにかく1棟目を必死で満室経営することが大事です。**最初に労力をかけて努力しておくと空室を埋める自信もついてきますし、自分自身の経験値も上がっていきます。**僕の経験でも、リフォームをして入居率を上げて、ローンも返しながらお金もそれなりに残してきて、高い税金も払って……そんなことが今の自分の自信につながっていると確かに言えます。

不動産投資は「事業」ですから、購入したら終わりではなく、いかにきっちり稼働させるかが大事です。実績を積み上げていくことで自信が生まれ、経験値も上がり、周囲の人からの「信用」につながり、さらに事業を発展させていく力となっていくのです。

第4章

購入価格は自分で決める！
値切りの交渉術

54 賢い経営者は売値では買わない

物件探し、下見と現地調査を経て、ついに「これなら買ってもいい」という物件が見つかったとします。このとき、売値でそのまま買ってしまうようでは、残念ながら経営者としてのセンスに乏しいかもしれませんね。

不動産には「定価」はありません。特に中古の場合には、売主と買主が相対して取り引きをしてお互いに妥協点を探っていくもので、売値というのはあくまで売主が「この値段で売れたらいいいな」という願望でしかないのです。

当然そこには、売主側が利益を乗せてきます。1円でも高く売りたいというのが本音でしょう。しかし買主がそれに合わせる必要は、まったくありません。売主が損をしたくないように、こちらも収益性を上げるためには1円でも安く買わなければならないのです。

例えば売値1600万円で満室時の年間家賃収入として208万円が見込める物件の場合、表面利回りは13％です。これを100万円の値引きに成功すれば、利回りは13・86％に上がります。300万円の値引きなら16％、500万円ならば18・9％にまで跳ね上がります。

同じ家賃売り上げであれば買値が下がるほど実質利回りがよくなります。最低でも実質利回り8％は確保しましょう。どれだけ値引き交渉できるかが、あなたの不動産経営に大きく影響するのです。

売主はたいてい相続や借金整理など、「売らなければならない事情」を抱えています。あるいは単なる利益確定でも税金の兼ね合いで期限がある場合（決算など）が多いです。でも、こちらは絶対にその物件にこだわる必要はなく、売り物件は市場にどんどん出てくるのですから、その意味では売主よりも立場は有利です。

それに、言うだけはタダです。相手が内心で頭にきたとしてもぶん殴られはしないでしょうし、警察に捕まるわけでも社会的に恥をかくわけでもありません。ダメならダメでけっこう。粘り強く交渉して、納得できる値段になったら買えばいいですし、必要な利回りを確保できなければ潔く見送る勇気も必要です。

だから「物件に惚れてはいけない」のですね。**物件に惚れてしまい、たいして値引きもできずに買ってしまうと、利回りが低くて苦労する**ことになりますから。

この章では、値引きを勝ち取るための交渉術を具体的に紹介していきます。値引き交渉こそ、賃貸経営の序盤におけるひとつの山場。かなりのエネルギーを使いますが、ここでいかに値引きを勝ち取れるかが経営を左右しますから、性根をすえて臨みましょう。

55 値引き交渉ではブレないこと

値引き交渉で大事なのは、「ブレない」ことです。**一番よくないのは、自分がいくらまでなら妥協できるのかをしっかり定めずに交渉に入る**ことです。

例えば年間家賃が200万円ほど見込める物件があって、売値が1800万円だとします。売値でそのまま買った場合の表面利回りは11・1％です。最低8％の実質利回りを確保したいと思ったら、融資を使う場合、この表面利回りでは難しいですね。

一般的に買主というのは、「いくら値引けるかな。1500万円くらいで買えるといいな」といった腹積もりで交渉をします。1500万円になれば表面利回りは13・3％となり、実質利回りは表面利回りからだいたい4〜5％下がりますから、実質利回り8％の最低ラインはまずクリアできそうです。

こういう交渉というのは、お互いに相手の腹を探り合って、いかに自分の利益を確保するかという戦いですから、「1500万円で買いたい」と思っているなら「1400万円ではどうですか?」と大きめに指値をするのが普通でしょう。そうなると売主は、「いや1600万円はもらわないと……」と押し返してきて、それで最終的に「ではお互い歩み寄って1500万円で」と話がまとまれば、めでたしめでたしの取り引きです。

しかし売主としても安く売るのは嫌ですから、「こちらもギリギリなので1700万円以下では売れません」と返される場合もあります。ここで大事なのが、「ブレない」こと。1700万円の場合の表面利回りは11・8％で、それをどう見るかが問題です。

表面利回りとの差は3・8％。低金利のローンを引けて、表面利回りと実質利回りの差を4％に抑えられたとしてもやや下回ります。ローンの金利が高めの場合は絶対に飲むわけにはいきません。ここでは表面利回りと実質利回りとの差が4・5％と仮定すると、年間家賃200万円で表面利回り12・5％を確保する物件価格は1600万円で、そこが分岐ラインになります。ですからもう一度「1550万円でお願いします」と押し返して、最終的に1600万円までに収めなければいけません。

そこまで厳密に考えなくてもいいかもしれませんが、**自分の中でしっかりラインを決めておかないと、「まあいいか」という感じでどんどん妥協してしまう**ことにもなりかねません。1500万円と1700万円、その差額の200万円を回収するのにかかる時間のロス、またその分の利息を取られることもしっかり意識しましょう。

収益性を上げる最も確実で有効な方法は「安く仕入れる」ことに尽きますから、利回りにはとことんこだわってください。

56 購入予算を算出する際の注意点

物件の購入予算は慎重に決める必要があります。なんとなく「表面利回り13％あればいいな」程度の意識では、買ったあとに悔やむことになりかねません。

まず、物件を購入する際の諸経費は必ずかかりますので、これは最初から計算に入れておきましょう。まず**大きいのは火災保険や地震保険**で、これは民間の損保で入る場合は10年一括（地震保険は最長5年）がお得ですが、そうすると物件規模にもよりますが60万～70万円の支出を見ておかなければなりません。ただし1年単位で割安にかけられる共済もあり、これら保険について詳しくは186ページで解説します。

1000万～2000万円クラスの物件では、満室で売りに出されていることはあまりないと思います。リフォームして建物や居室の魅力をアップさせて入居者を引き寄せる必要がありますから、その費用も忘れてはなりません。**特に築古物件は、何百万円もかけて大規模なリフォーム**が必要な場合があります。それなりにきれいな部屋の場合にも、温水洗浄機能付き便座など設備面を充実させる必要があるでしょう。

こうしたリフォーム費用はある程度正確にイメージしたいところです。200万円で済むと思っていたけどフタを開けてみたら400万円かかった……といったケースはよくあります。下見に同行した仲介業者に「これはいくらで直りますか？」とたずねたり、できれば自分でリフォーム業者を手配して見積もりをもらったりしておくといいでしょう。シロアリが心配であればその調査も頼んで、購入した場合の支出を把握しておく必要があります。これらは見積もりや調査だけなら無料の場合もあります。

さらに細かく言えば、購入後には管理会社への管理費、共用部分の光熱費、固定資産税や都市計画税などもかかってきます。**管理費の相場は家賃収入の5％前後**で、光熱費や税金は仲介業者を通じて売主に確認しておきます。また退去時には修繕が発生しますし、そうしたリフォームや将来の大規模修繕のためにも**家賃の5％程度は毎月修繕積立金をプールしておきたい**ところです。最後にローンの返済額を引いて初めて、キャッシュフローがいくらになるのかがわかるのです。

実質利回りは表面利回りより4〜5％下がるというのはあくまで目安であって、ここで挙げたことを細々と計算していって初めて、その物件独自の数字が出てきます。もしかすると3％で済むかもしれませんし、6％も下がるかもしれません。その実質利回りが事業計画に適しているかどうか、将来の金利上昇や空室リスク、家賃下落などを考えつつ、慎重に判断していきましょう。

57 値引きを勝ち取るテクニック

その物件をいくらまでなら買えるか予算を決めたら、いよいよ値引き交渉開始です。購入に当たっては、まず「買付証明書」というものを入れます。最初の値引き交渉はたいていこのタイミングです。そこで合意に達したら「手付金」を入れて売買契約を結び、並行して買主は金融機関から融資を取り付けて（金銭消費貸借契約＝「金消」の締結）、それから決済となるわけです。その売買契約を締結するまでにも値引き交渉のチャンスはあります。

値引きしてもらう基本は、その物件の弱点をすべて洗い出して相手にも同じ認識を持ってもらうことですが、それには順番があります。まずは駅から遠いとか、日当たりが悪いとか、家主の努力ではどうにもならないことから攻めます。「駅から遠いし、この場所ではちょっとこの値段では買えないですね……」と、これは軽いジャブ程度です。

そして個別の弱点を指摘していきます。まずは大きいところから、「外観が汚いので塗装しなければお客さんがつかない」「屋根がだいぶ傷んでいて不安ですね」など。売却するときは相続とかの事情以外に、例えば外壁や屋根に大規模修繕が必要なタイミングで、費用など面倒になってそのまま売ってしまうというケースも多いですから、まさにそこを指摘されてしまうと値引きに応じざるをえない雰囲気になると思います。

そしてさらに細かいところを、「設備が古いので交換しないと」「トイレが和式なので洋式にしないと」など、弱点を思いつく限り指摘しましょう。ただし上から目線でズバズバとダメ出しされると、僕も実際に売主の立場になって経験しましたが、かなりカチンときますね（笑）。逆に「あなたにだけは売りたくない」という気持ちにさえなりますから、値引き交渉は心を込めて、「ご相談をさせていただく」という姿勢を決して忘れないようにしてください。

効果的なのは第三者の意見です。リフォーム業者に見積もってもらった具体的な費用を見せられると納得せざるをえないですし、金融機関の評価で「ここまでしか出ません」というのを見せられると、「そんな評価しか出ないのか……」と弱気にもなります。

値引き交渉は本当にエネルギーを使います。相手にとって嫌なことを飲んでもらうわけで、金銭的なメリットはありますが、気分的にはそんなによいものでもありません。ただし、実際には売主と膝を突き合わせて交渉するわけではないというのが救いではあります。普通は**売買を仲介する業者（＝不動産会社）が間に入りますから、「ご相談させていただく」というスタンスは守りつつ、自分の主張を遠慮なくぶつけていけばいい**と思います。

58 有利な値引きを勝ち取るには相手を知ること

ジャンケンでもトランプでもマージャンでも、勝負事で相手の手の内がわかっていると絶対に有利ですよね。

値引き交渉でも同様です。売主にはなんらかの「売らなければならない事情」があるはずで、もしその事情がわかったとしたら買主は有利な立場に立てます。

例えば持ち主だった人物が亡くなり、遺族がアパートを現金化して相続税を払うことにした場合。相続税の納付は原則現金で、期限は死後11カ月以内です。もしもその期限が迫っているとしたら、売主は、ほかに買い手が現れなければ、どんなに値引きしてでも売ってしまわなければならないでしょう。

さらに、**相手が考えている「ギリギリこの値段なら売ってもいい」という最終ラインがわかったら、これは手の内が丸見え**だといえます。

例えば借金を抱えて不動産を整理しなければならない売主（個人）の場合、その物件のローンの抵当権を外さなければなりません。その残債額と簿価が800万円だったとして、それが事前にわかれば、それに加えて売主から仲介業者に支払う「仲介手数料3％＋6万円」（別途消費税）と譲渡所得税（物件を売った人が払う税金。5年以上保有した物件なら20％、5年未満であれば39％）も考えて、多少は手持ちが残る金額設定をすればいいでしょう。土地の実勢価格がたとえ１４００万円であっても、買い手が見つからない、もしくは売り急いでいるのだとすれば１２００万円でも売却可能かもしれません。

１２００万円で売却した場合、仲介手数料が約46万円、譲渡所得税が約71万円（5年以上保有）で１１７万円ほどかかります。残債８００万円を返して、それ

売値1200万円、残債800万円の場合の手残り額

売値　1200万円

残債&簿価　800万円

[仲介手数料]

（1200万円 × 3% + 6万円）× 1.1 ≒ 46万円

[譲渡所得税]

（1200万円 − 46万円 − 800万円）× 20% ≒ 71万円

売値　仲介手数料　残債&簿価　5年以上保有の譲渡税率

[手残り額]

1200万円 − 71万円 − 46万円 − 800万円 ＝ 283万円

売値　譲渡所得税　仲介手数料　残債&簿価

手残り額は283万円

※抵当権抹消登録費用や印紙税などは省略

でも283万円ほどの手残りがある計算です。これなら相手も妥協可能に思えます。そういう**相手の事情もわかっていれば、交渉の主導権をこちらが握る**ことができるのです。

売主の情報は仲介業者からしっかりヒアリングする

ただし空室だらけのボロ物件の中には、建て替えようと思っていたものの面倒になって売りに出しているケースもあったりします。この場合、売主はお金に困っているわけではなく、予定通りに建て替えを実行するという選択肢もあるわけですから、あまり強気に値引き交渉するとヘソを曲げられてしまう可能性があります。

売主がプライドの高い人だったりすると、内心は「1600万円まで下げてもいいかな」と思っていても、1800万円で売りに出した物件にいきなり「1200万円で！」なんて指値を入れたりすると、激怒させてしまう可能性もあります。そうなると「実は1600万円でも買えます」と言っても交渉継続は難しいでしょう。

そういうところで失敗しないためにも、売りに出ている理由や売主の性格など、背景についてしっかり情報収集することが大切です。

そうした情報の情報源は、売買を仲介する不動産業者になります。「おじいさんが亡くなられて売りに出ているそうですよ」とか、「このくらいまでなら引いてくれるんじゃないですかね」といった程度の情報であれば、下見の際にいろいろ質問するうちに明かしてくれる可能性はあります。ただし仲介業者にしてみれば、物件価格が下がるということは、仲介手数料の取り分が減るということでもあります。売買そのものが成立しなければゼロだとはいえ、守秘義務、個人情報保護の観点から言っても、こと細かくペラペラと教えてくれることはないでしょう。

そこを聞き出すためのテクニックとして、値引きによって手数料が減る分の差額＋αをお支払いするというグレーな方法も世の中で行われています。200万円の値引きが行われると手数料は6万円あまり下がりますが、買主が10万円を補填するなら仲介業者は協力したくなるでしょうし、買主にとってもメリットは莫大です。「コンサルティング費用」として支払うという話も聞きますが、実はこれ、宅建業法でアウトです。しかし、「依頼者の依頼による遠隔地の調査費用」としてであればセーフになりますから、名目だけでなく実態も伴うように、みなさんうまくやってらっしゃるようです。

値引き交渉は厳密には勝負事ではありませんから、**お互いにWin-Winの取り引きが理想**です。とはいえ買うなら1円でも安く買いたいのが人情で、また事業経営者としても当然ながら「1円でも安く」という姿勢は大事です。そのためにも情報が必要不可欠な武器になりますから、仲介業者と良好な関係を築けるように心がけましょう。

59 リフォームの見積もりも進めておく

購入を決意するまでには何度か下見をすることになりますが、有望そうな物件であれば、一回はリフォーム業者と一緒に下見をして見積もりを取っておくといいでしょう。

当面のリフォームにかかる費用はもちろんですが、それ以外にも大規模修繕をしたらいくらかかるかも、その機会に聞いてしまいましょう。外壁や屋根、外階段、共用廊下、ベランダなどの防水能力、上下水道管を含む給排水設備、浄化槽のエアポンプ、配電盤関係、消防設備、ガス給湯器などの消耗具合、それらを直す際の費用はいくらなのか、つまり**将来のリスクが把握**できます。ただし不安感をあおって受注を得る業者も存在するので、とりあえずの参考として聞いておけばいいと思います。

プロの視点を知ることによって物件への理解が深まりますし、その見積もりは値引き交渉の説得材料にもなります。**長期修繕計画書を事業計画書に付け加えることで、金融機関へ事業家センスをアピール**することにもなります。見積もりだけなら無料の場合もありますし、自身の勉強にもなりますから多少の見積もり手数料をお支払いしても惜しくないと思いますから、ぜひとも実行することをお勧めします。

60 購入時の諸費用はこれだけかかる

ここでは物件を購入するときの諸費用について詳しく解説しておきましょう。諸費用の内訳としては、以下7種類があります。

❶仲介手数料

これは取引価格により法律で決まっています。不動産売買における仲介手数料を求めるには、以下の簡易計算式を知っておくと便利です。

400万円超であれば、「売買価格の3%＋6万円」という簡易計算式が使えます。1500万円で購入した場合の手数料は、51万円（＋別途消費税）となります。

ただし個人間の取り引きや、業者が自社所有の物

仲介手数料の簡易計算式　※手数料には別途消費税が加算されます

200万円以下の部分	200万円を超えて400万円以下の部分	400万円を超える部分
不動産価格の 5%	不動産価格の 4%＋2万円	不動産価格の 3%＋6万円

例）売買価格が1500万円の仲介手数料

1500万円 × 3% ＋ 6万円 ＝ **51万円**

件を売っている場合には、当然ですがこの仲介手数料はかかりません。

❷登録免許税

不動産の所有権の移転登記をする際に納める税金です。細かい計算方法は省きますが、1500万円の物件であればだいたい10万～20万円くらいでしょう。

❸不動産取得税

不動産を買うと必ず納める税金です。これも細かい計算方法は省きますが、1500万円の物件であれば、十数万円でしょう。

❹印紙税

売買契約書に貼る印紙の代金です。1000万円超5000万円以下の売買の場合、現在は印紙税の軽減措置適用期間中ですから1万円になります（適用がなければ2万円）。この軽減措置は2022年3月までとなっていますが、更新される可能性もあります。

❺ローン手数料

ローンで購入すると、事務手数料や保証料などさまざまな名目で銀行に手数料を支払います。だいたい十数万円でしょう。

❻司法書士報酬

移転登記やローンの抵当権の設定登記は、司法書士にやってもらうことになります。現金で買えれば自分で行うこともできますし、安くやってくれる司法書士を探して節約することもできますが、ローンを組んだ場合はたいてい銀行側が用意する司法書士に任せることになり、だいたい6万～8万円あたりが相場だと思います。

❼固定資産税および都市計画税の精算金

1月1日の所有者（売主）がその年の分を支払います。よって、年度の途中で売買した場合は日割りでそれを精算することになります。その物件の税額と、何月に売買したかによって支払額が決まります。交渉の過程で、「固都税（固定資産税および都市計画税を合わせた呼び方）の精算金を負けてもらえませんか？」と頼んでみると、相手も日割り精算が面倒だったりして、意外とＯＫしてくれたりします。

すべての諸費用を合算すると物件購入価格の6～7％というのが一般的なところでしょう。登録免許税や不動産取得税は、固定資産税課税標準額に一定の数値をかけて算出するものなので、ケースバイケースで調べるようにしてください。物件ごとに幅が出ますから、固定資産税課税標準額を仲介業者に教えてもらって、早めに正確に把握できるようにしたほうがいいと思います。

61 物件入手と同時に保険には必ず入るべし

晴れて物件が自分のものになると同時に、済ませておかなくてはいけないのは保険の契約です。賃貸物件に住んでいる人は、契約時に強制的に火災保険（借家人賠償責任保険）に入らされている人が多いと思いますが、大家は大家で入るべき保険があります。

入居者の保険には、自分の家財に対しての補償と、大家への損害やほかの入居者の家財などへの賠償が含まれています。例えば風呂の水を出しっ放しにして階下の部屋を水浸しにしたり、借りている部屋を火災により燃やしてしまったら、その損害分まで補償してくれます。しかし、もし誰かに放火された場合、入居者の保険が適用されるのは入居者の怪我や家財だけで、大家の財産である建物の修復費用は関係ないので補償されません。

大家が入る保険は、建物そのものにかけます。台風で屋根が傷んで雨漏りがしたり、地震で壁がひび割れたりと、入居者が原因でない事故や災害は多いですから、それらによる建物の損害を補償する保険です。融資を引いて物件を買う場合は、融資期間中は必ず保険に入らされます（事業が継続できなくなると金融機関が取りはぐれるため）が、現金で買う場合やローンを払い終えて無借金になっても必ず加入するべきだと思います。

補償が大きくアレンジも多彩な火災保険（損害保険）

大家の入る保険について詳しく説明すると、大別して損害保険会社の**「火災保険」**と、非営利団体（都道府県や各種組合など）の**「火災共済」**の2種類があります。

火災保険は補償が大きく、事故／費用の区分や特約を細かくアレンジできます。保険料は高いですが補償が手厚いので、経営が軌道に乗った大家さんにお勧めです。地域（台風が多い、地震の発生確率が高いなど）や建物の躯体（木造、RCなど）によって保険料が異なり、RCは丈夫なので安く、木造は高くなります。また、築年数や長期一括払いによる割引があり、最大10年まで（地震保険は5年まで）一括で入れます。長期割引でお得になるのと、保険料が毎年と言っていいほど値上げされているので、予算に余裕があるならそれも見込んで長期一括で払っておくことをお勧めします。

「火災保険」という名前ですが、**火災のほか、落雷、破壊、爆発、風災、雹災《ひょうさい》、雪災などを基本でカバー**します。それにプラスして選べる事故の「区分」というものがあり、そのうち**「地震保険」**は地震による被害を「保険金の最大50％まで」補償します。料金は高いですが、これはマストで入っておくべきです。さらに**「破損・汚損等」**は、誰かが不注意で壁や窓ガラスなど建物を壊してしまった際に補償するもので、料金も安いので付けておくことをお勧めします。

迷うのは「水災」でしょう。台風などによる大雨で被害が生じた場合は「風災」でカバーされます。水災というのは洪水、床上浸水、土砂崩れなど、「下からの水の被害」が対象です。これをつけると保険料がおおよそ1・5倍になるイメージで、外せばだいぶ安く済みますが、万一に遭うと被害額も大きくて泣くことになります。水害のハザードマップのエリアをよく確認し、土砂崩れや土石流など地形の危険性をよくよく吟味しましょう。

掛け金は安いが保障は渋い共済

一方の「火災共済」は、保障が火災保険より小さくオプションも少ないですが、掛け金が非常に安価なので、始めて間もない小資本の大家さんにお勧めします。僕自身も最初は共済に入っていました。1年単位で加入でき、1600万円程度の物件であれば3万円前後で加入できると思います。**「都道府県民火災共済」「全労済（国民共済coop）」「CO-OP共済」「JA共済」などが有名**で、組合員になることが加入条件（員外利用の制度があれば不要）になりますが、出資金は1000円程度なので大きな負担にはなりません。

地震に対する保障は運営団体によってまちまちで、地震特約を選択することで最大20％まで保障するところもあれば、「共済金の5％」とか「地震共済はないけど見舞金として

100万円出ますよ」という感じです。なるべく保障の手厚いところを選びましょう。

共済は、火災保険と同様の基本的な災害はカバーしていますが、デメリットは支払いの査定が渋いこと。本当に燃えてしまうとか、建物に目に見えて大きな被害がないとき以外は下りないという印象があります。あくまでも最低限の備えという感じなので、心配な人は多少の無理をしてでも火災保険のほうに入ったほうが無難でしょう。

特に築古物件の場合は何があるかわかりませんから、火災保険で、特約や地震保険を必ず付けておくことをお勧めします。僕の知人で都内に築40年以上のボロボロの物件を買った大家さんは、購入時に約60万円で火災保険（10年間）と地震保険（5年間）に入りましたが、「保険のおかげでその何倍もの価値のリフォームができた」と言います。例えば大きな台風が来たあとに雨漏りが発生したとすれば、台風被害ということで保険金が下りたという話でした。

最後に強調しておきたいのは、日本では「保険は安心を買うもので、基本は掛け捨て」という意識が強く、何か問題があっても保険金を申請しない人が多いのではないでしょうか。都内にボロ物件を購入した彼も、僕がアドバイスするまで完全に保険のことが頭になく、最初は自費で直そうとしていたくらいです。建物に問題が生じれば収益に直撃しますから、保険や共済には必ず入って、何かあればダメ元でも即申請するようにしましょう。

62 保険に付けたほうがいい特約

火災保険にはさまざまな区分や特約があり、それらを付けたり外したり、自分の物件の必要に応じてアレンジできるようになっています。ここでは、付けておいたほうがいいものから最新のおもしろい特約まで紹介しましょう。

まず紹介するのは**「地震火災費用保険金」**。これは地震による火災を補償するものです（火災保険では、地震による火災の損害は補償されません！）。地震保険とは別ものです。これも入っておくといいでしょう。また、**「臨時費用保険金」**は損害保険金とは別に支払われるお金です。例えば事故で部屋に住めなくなった場合の宿泊費用、荷物をどこかに移す場合のトランクルーム代、引っ越し代などに充てられます。こちらも費用はそんなにかかりませんので、入っておいてもいいでしょう。

さらに特約の中で、**「施設賠償責任」「家賃収入」「事故対応等家主費用」の3つは必ず入っておく**ことをお勧めします。

施設賠償責任特約は、施設の不備による被害に対する家主の「賠償責任」を補償するものです。床が抜けて怪我をしたとか、階段の手すりが壊れて怪我をしたとか、天井が落ちてきて入居者の家財道具を傷つけたとかいった場合です。家賃収入特約は、火事による空室の家賃を一定期間補償するものです。

おもしろいのは**「事故対応等家主特約」**です。保険会社によっては**「孤独死保険」**という名称で、単独で加入できるタイプもあります。いずれも死亡事故（孤独死や自殺、他殺など）が起きたときの空室や賃料減額（期間は会社によって異なる）、原状回復費用を補償するもので、１００万円とも言われる「特殊清掃費用」まで負担してくれます。孤独死保険とあっても、事故や事件死にも幅広く補償してくれる心強い存在となります。

僕も孤独死は何回か経験していますが、発見が遅れて、フルリフォームをやって大変でした。遺族も精神的に弱っている状態で、「特殊清掃と原状回復費用を払ってください」とはお願いしづらいものがあります。でも保険があれば誰も困らないので、いいことです。

この特約は比較的新しいもので、僕の懇意にする保険屋さんも「絶対に入るべき」とイチ推しでした。以前からこうした補償だけを単体で売る保険会社もありましたが、**特約として一部屋に月々数百円程度**で付けられるようになったのはうれしいことです。どんどん進んでいく高齢化社会で「ウチの物件は高齢者お断り」なんて商売を続けていくのは困難だと思いますし、賃貸での孤独死はますます増えていくと思いますから、ぜひともこの特約を付けることをお勧めします。

タダで修理? 保険金請求代行業者にはご注意!

ここ10年くらいの地震を含めた自然災害の増加で、保険会社の体力はかなり厳しくなっているせいなのか、事故の審査も厳しくなって保険金の支払いも渋くなってきているようです。

そんなご時世ですから、日本損害保険協会によると「保険金請求代行業者」を利用したトラブルが増えているそうです。大家さん（自宅のケースもある）と保険会社の間に入って、「われわれに任せれば保険を使って修理をします」と言ってお手盛りの見積書で受注したり、見積書作成代をもらったりする商売です。

経験のない大家さんだと、保険金がどれくらい下りるのか、そもそも本当に保険が適用されるのか不安ですよね。火災保険だから燃えてないと下りないんじゃないかと思っている人も多いくらいです。そこにつけ込んで保険申請を代行するわけですが、**その報酬は本来の修理費の数割増しの工事代金だったり、見積書の3割を要求されたりする**とも聞きます。保険金が支払われずとも高い修理代を自己負担させられたり、高額な解約手数料を要求されたりするトラブルが増えています。保険会社としても問題視して、最近ではそういう特定業者（見積書や工事請負契約書から発覚することも）の申請には、保険会社で再見積もりをして審査をことさら厳しくしているとか。

そもそも、**誰が申請しても保険の適用範囲であればきちんと保険金は下ります。写真を撮って、状況を時系列でシンプルに、箇条書きでもいいので記入すればいいだけです。**

怪しい業者に頼んで余計な疑念を抱かれるより、自分でやるに越したことはありません。何事も経験です。保険代理店や管理会社、リフォーム業者が相談に乗ってくれますから、一人で怖がらないでまずは相談してみましょう。

第5章

物件管理はプロにお任せ！
いい管理会社の選び方

63 管理は専門家に任せる

物件を運営していくことは、その物件を「管理」していくということでもあります。

管理というのは建物だけではなく、入居者も含みます。募集を出すことから始まり、希望者を内見に案内し、賃貸契約を結び、毎月家賃を徴収し、遅れがあれば催促し、エアコンが壊れたなどのクレームに対応し、退去の際も立ち会って敷金の精算を行い、あるいは各種更新の手続きなど諸々の業務があります。

この管理業務、一棟アパートともなると、例えば会社に勤めながら、自分でやるのはかなり大変だと思います。大家さんの中には自分で管理をする人もいますが、僕はとてもじゃないですが自分でやる気にはなりません。

なぜなら毎月末に全員から家賃が入っているかを調べて、まだの人に電話していくのは、あまり楽しい作業ではないですよね。入居者の方から「共用廊下の電灯が切れています」と連絡があっても、すぐに取り替えに行けるとは限りません。区分所有権や戸建てで何世帯かを持っているくらいの規模なら自主管理もいいと思いますが、「1000万円の年間家賃収入、数千万円の実物資産」というレベルを目指すのであれば、管理はそれを生業としている不動産会社に任せてしまうべきです。

そもそも僕の手法では、地方郊外もしくは都心で築古の、一棟アパートを買うことを勧めています。そうでなければ高い利回りは出ませんし、限りある資産から生み出すスケールメリットも得られないからです。

しかし逆に自主管理する上では、世帯数の多さが響いてきます。戸建てなら大丈夫でも、複数の人間がひとつの建物に住んでいれば、「あの部屋は夜中にうるさい」とか「あの人はゴミ出しのルールを守らない」など、なにかしら問題が出てきます。自主管理ではそれにも直接対応しなければなりません。

それに、東京に住んでいて地方に物件を買った場合は、なにかあったときに現実的に対応できないでしょう。たとえ数世帯の小さな物件だったとしても、電球1個の付け替えにわざわざ車で時間をかけて出向くのは大変だし、人を雇うにしても単発の仕事は高くつきます。

管理料は月額家賃の5％程度が相場ですから、冒頭に書いたような業務をすべて代わってもらえるのなら安いものだと思うのですが、いかがでしょうか。自主管理をするとなると、時間や労力がもったいないと思います。限りある時間は効率的に使って、その分本業に集中して稼ぎを増やしたほうがよほど生産的ではないでしょうか。

64 管理会社は地元の会社のほうがいい

管理会社選びは物件の調査や値引き交渉、金融機関との融資交渉などと並行して進めて、決済までに決めておく必要があります。

普通は売買のときに仲介した元付けの不動産会社（前オーナー時代の管理会社であることが多い）がそのまま引き継ぐケースが多いのですが、僕はそれをあまりお勧めしません。なぜかというと、前オーナーが物件を手放さなければならなくなった責任の一端が、その管理会社にあったかもしれないからです。空室だらけで売却に至ったのなら、管理会社の「客付け力」にも疑問符がつきます。

そこは物件の下見の際に周辺の不動産会社に聞き込みし、立地や建物設備、家賃設定に相応の入居率なのかを調査すればわかってくると思います。管理会社になにも問題がなければ、そのまま引き継いでもらえばいいでしょう。

ただ、大家さんの中には「知り合いやつき合いのある人だから」という理由で、その物件から離れた地域の不動産会社に管理を任せているケースも少なくないですが、僕は、**管理は地元の不動産会社に任せたほうがいい**と思います。

それがなぜかを説明する前に、入居者が決まったときに管理会社が得る報酬について知っておきましょう。入居が決まると、「仲介手数料」（家賃1カ月分）と「AD（広告費）」という2つの成功報酬が発生します。ADとは要するに「募集をかけて入居を決めたお礼」のことで必須ではありませんが、東京など家賃1カ月分が相場の地域が多く、2カ月、3カ月といった地域もあります。

この仲介手数料とADの両方を、自社で管理している物件なら独り占めできます。でもほかの会社が入居希望者を連れてきた場合は、仲介手数料をその会社が取り、ADを管理会社が取るケースが多いです（配分は任意）。つまり1カ月分減ってしまうわけですね。ですから、多くの不動産会社は、自社管理の物件を優先してお客さんに勧めるでしょう。

また、住民からなにかクレームが入って様子を見に行く必要は意外と頻繁に起こりますし、そのときに遠隔地ではついつい放置しがちになってしまうでしょう。一方でクレーム対応が迅速でないと入居者の満足度が下がり、それが退去につながっていく可能性は十分にありえますから、やはり管理会社は地元で探すのが望ましいです。

管理会社をあとから替えるのは大変

ただし都心の物件の場合は、必ずしも物件の最寄り駅レベルの地元でなくてもいいと思います。例えば新宿を起点とする私鉄沿線に住んでいる人は、必ずしも最初からその町に住みたいと思って部屋を探したわけではなく、「新宿に学校や会社があるから」「新宿に出やすいと便利だから」住んでいる人が多いと思います。

部屋探しのときもその沿線の町の不動産屋さんに行くより、新宿の仲介専門の不動産会社で探す場合が多く、特に初めて上京した人はそのケースが大半でしょう。そのため地元の不動産屋は、大きな乗り換え駅の仲介業者が入居希望者を連れてくることに頼る部分もありますし、逆に自分が他社の仲介をすることにも抵抗はあまりないようです。ですから**都心の場合は最低限、物件の最寄り駅のある沿線で、遠すぎないレベル**であればいいと思います。

とりあえず頼んでみて、あとで管理会社を替えることも2～3カ月前（契約書に記載の通り）に通告すれば可能です。しかし先方にとってはおもしろくない話ですから、納得してもらって契約を円満に解消するのはなかなか骨が折れます。特に地方では管理会社の「地縁」があったりして、思わぬトラブルになったりする可能性もあります。

ですから**管理会社を替えるのはオーナーチェンジのタイミングが一番いい**のです。「知り合いの不動産屋に任せることになっているので」というふうに断れば、前の会社も納得しやすいと思います。

65 「ここに任せたい」安心な管理会社の選び方

いい管理会社を選ぶには近道も遠回りもなく、**地道に多くの店を回ってよく話を聞いていくのが王道**です。

これは物件購入に当たってのついで、その地域の入居率や競合物件のリサーチのついでに行います。あくまでそれが主目的で、この時点で実際の管理について細かいことを聞く必要はありませんが、それだけでもわかることは多いものです。ファミリー物件に強いところもあれば、単身者向けの物件が中心のところもありますし、デザイナーズ・マンションなど家賃が高めな物件が得意なところもあれば、低所得層向けの安い物件を数多く抱えているところもあります。掲示してある物件の傾向を見ればなんとなくわかりますし、直接「御社ではどんな物件が多いですか？」と聞いてみてもいいでしょう。

また、管理会社はその後の物件経営の大事なパートナーになるわけですから、「ここになら任せられる」という印象を得られることが一番ですが、逆に「ここには任せられないな」という管理会社に出くわすこともあります。

お店に入ると、まず活気があるかどうかがわかります。スタッフに覇気がなく、来店した人に椅子も勧めないようなところはアウトでしょう。担当者と話してみると、やたらネガティブな人もいますし、やる気は感じるけど空回り気味で話がかみ合わない人もいます。反対に、すごく前向きで面倒見がよく、「このあたりではこんな物件が人気ありますよ」とか「こんなリフォームをしてみたらどうですか?」などと提案してくれるような人は、一緒に仕事をしてみたいと思いますよね。

購入の意思が固まったら、印象のよかったところを再び訪れて、今度は管理について細かく聞いていきましょう。

絶対に聞いておくべきこととしては、当然ながらまず**管理費**です。月額賃料の5%というのはあくまで相場で、一律で一部屋2000円のところもあれば10%のところもあります。また管理内容について、巡回はどれくらいの頻度なのか、共用部分や建物周辺の清掃は含まれるのか、別料金ならいくらなのかなど、そこも管理会社によってまちまちですので、比較検討の材料にしましょう。

できれば大家主導のリフォームが可能な管理会社に

よく気をつけて確認したいのは、退去時などリフォームが発生したときに、それを「大家主導で行えるか」どうかです。

というのも不動産会社の中には、実は工務店の一部門であったり、特定の工務店とがっちりコネクションがあったりして、管理そのものよりも派生するリフォームで儲けているところもあるからです。そういうところは管理費が安めで、また長崎県の一部など管理費を取らない地域もあって、「その代わり、うちを通していろいろやるんでしょ?」というおつき合いの仕方になるそうです。資産家ののんびりした大家さんですと、高いかどうかなんて考えもしないで丸投げしてしまう人が多いですから、中には割高なリフォーム費を取るところもあるでしょう。

僕の手法ではリフォームでいかに利回りを向上させるかが成功のカギですから、この主導権は自分で握りたいところです。よく確認しないで契約してしまって、自分主導で安価にリフォームできないと事業計画が大きく狂うことになりますから、**大家が自分で業者に発注してリフォームできるかどうかを必ず確認**してください。

もちろんそうした会社で良心的にやってくださるところもありますし、交渉次第で「では大規模なリフォームは相談しながらやりましょうか」と譲歩してくれる可能性もあると思いますので、そこは最初にしっかり話をしてみましょう。

66

管理力を取るか、客付け力を取るか

管理会社を選ぶとき、管理内容が行き届いて入居付けも強いところが理想ですが、現実的にはその両方を兼ね備えたところはそう多くはありません。では、そのどちらをより重視するかといえば……僕の場合は絶対に**入居者を付ける力**のあるほうです。

なぜなら入居者が見つからないことには、管理もなにも始まらないからです。極端な話、どんなに管理が素晴らしくて対応が誠実で信頼できる管理会社であっても、お客さんが入らないことにはオーナーはお手上げです。入居者にとっても、どんなに管理が優れていたとしても、転勤や結婚などがあれば引っ越してしまうわけです。事業経営ですから、まずは売り上げを見込めることが第一です。一般の会社でも、どんなに顧客対応がよくてクレーム対応に優れていても、利益の上がらない会社はつぶれます。

では、客付け力の強い会社の見分け方ですが……、そんな方法があれば僕も知りたいというのが正直なところです。一般論としては、駅に近くて明るくて入りやすい雰囲気のところということになるでしょうか。また基本的に、「アパマンショップ」「ミニミニ」「ピタットハウス」「エイブル」などフランチャイズでCMも打っているようなところはブランド力がありますよね。都市部の単身者向けや若者向けの物件であれば、そうしたブランド力のある大手チェーンのほうが有利だと思います。

今はお店に行く前にスマホやパソコンで検索して、「この物件を見たい」と来店するケースが多いでしょうから、地方でも都会でも、不動産物件の情報ポータルサイト「アットホーム」や「ライフルホームズ」「SUUMO」などに物件をちゃんと掲載していることは必須でしょう。少なくとも、店内にパソコンもなくてFAXだけで業務を行っているような会社ではさすがに厳しいと思います。

そのあたりも、**不動産業者を回るときに「募集はどうやって行っていますか？」と詳しく聞いていく**しかないでしょう。自分で当たりを引く自信がなければ、やはりブランド力に頼るというのもひとつの手です。ただし地方の場合にはそういった大手チェーンよりも、地元で何十年もやっていて幅を利かせている地場の不動産業者のほうが客付け力に優れている場合もありますので、そのエリアの知り合いの大家さんネットワークがあれば、それを利用したほうがいいと思います。

でも、物件そのものに魅力があれば、管理会社の客付け力が多少弱くても入居者は決まるものです。管理会社を決めるのにあまりに時間や労力を使うくらいであれば、物件の魅力を高める努力をしたほうが生産的だと思います。

67 大家から管理会社に営業をする

管理会社は賃貸経営における大事なパートナーですから、コミュニケーションを密に取ってお互いに信頼し合える関係を築かなければなりません。

まずは最初が肝心。担当者に顔と名前を覚えてもらうと同時に、こちらも担当者のことを覚えましょう。電話がかかってきたときには「どうも○○さん」と名前で呼びかけるようにします。自分の名前を覚えておいてもらえたら、誰でもうれしいですよね。メールの内容はシンプルかつわかりやすさを念頭に、可能な限り早いレスポンスを心がけます。**訪問するときは缶コーヒーや栄養ドリンク、ケーキなどの手みやげを持って行ったり**します。

資産家の大家さんの中には「上から目線」の態度の人がいるようですが、それではダメです。物件の管理を依頼するのはビジネスであり、大家から管理会社への「営業」だということを忘れないようにしたいものです。あくまで対等に、相手の懐に入って心をつかむコミュニケーションを取るよう心がけましょう。

といっても難しく考えず、昼時に訪ねて行って一緒にご飯を食べたり、そういう単純なことでいいと思います。人によってやり方はいろいろあるでしょう。僕は担当者の趣味を覚えていて、車が好きな人でしたらまずは車の話をしたり、いきなり仕事の話に入らずに、そういうコミュニケーションを取るようにしています。

逆に業務上のことについては、しつこい連絡は嫌われるのかなと思います。必要な連絡はまとめてメールでやりとりをしたほうがいいでしょう。経過ややりとりを時系列で把握しやすいですし、「言った・言わない」の問題の回避にもつながります。これもビジネスの基本的なところですね。

不動産業者とのパイプが太くなってくると、**相続や任意売却物件の情報**なども入ってきたりします。そういう情報がもらえれば、物件を買い増していくにも有利です。買ったらそこに管理を任せてしまえば、またイチから関係を築く必要がないのでとても楽です。

管理は「自動操縦」でお任せ

管理会社との関係ができてくるにつれて、よりスムーズに依頼できるようになり、お願いできる範囲も広くなって、「自動操縦」のように大家が何もしなくてもよくなります。退去がなければもはや物件を持っていることも忘れるくらいで、気がついたら口座に毎月家賃がどんどん積み上がっていくという感覚です。

そうなると、大家はどこで何をしていてもよくなります。僕は2014年からアメリカに住みながら、日本に3棟43室を所有し、完全な自動操縦によってほぼ満室運営をしています。すべて電話（今はスマートフォン向けの通話アプリを使えば国内通話と同じくらいの料金で利用できます）やメールによるコミュニケーションとネットバンキングで事足りています。

僕のところに相談に来る初心者大家さんの中には、「専門用語や業界用語も知らないし、不動産屋さんと何を話していいかわからず、話が盛り上がらない」という方もいます。でも最初は知らなくていいと思います。「そうなんですね。勉強になりました。ありがとうございます！」という感じで話をつないでいけばいいと思います。知らないことは聞き返せば、それも会話になります。また、心理学で**「単純接触効果」**というものがあって、「単純に接触する＝会う機会が多ければ多いほど、相手に印象が良くなる」と言われています。苦手意識があったとしても、だからといって避けるのではなく、何度も会う機会を作って、そのときに差し入れもしたりすると、距離を詰めていけるのかなと思います。

最初から面倒見のいい管理会社を探すというのはなかなか難しいと思いますし、頼れる相手を探すというのは、何か他力本願のように思えるかもしれません。でも決してそうではなく、自分から相手との関係構築に努めて、ともに成長していくという気持ちが必要なのかなと思います。

第6章

大家さんの腕の見せどころ！
リフォーム大作戦

68 自由な発想による「空間の企画力」が大事

満室経営を目指す上で必要不可欠なのがリフォームです。物件の魅力を高め、入居者を呼び寄せ、家賃をアップさせるほどに手を入れれば収益性も向上させることができます。自分の思うままに裁量をふるえて、それがダイレクトに反映されますから、まさに大家にとっては賃貸経営の醍醐味と言えるかもしれません。

リフォームで大事なのは「成約率を高める品質」と「空間の企画力」です。品質が大事ということについては説明の必要もないでしょう。この章では、その企画力と、さまざまなアイデアの実例について紹介していきます。

リフォームを管理会社に丸投げすると、確かに壁紙も貼り替えてきれいにはなりますが、それは「普通の部屋ってこうだよね」という当たり前の原状回復でしかありません。彼らも物件をたくさん抱えていますから、「こんなふうにリフォームしてみたらどうですか？」なんてわざわざ提案してはくれないでしょう。

ですから、入居希望者にアピールする部屋にするためには、大家自身が知恵を絞るしかないのです。例えば周囲に建物があるために1階は日当たりが悪くて暗かったら、部屋を明るく見せればいいでしょう。床も天井も壁も白くして、照明も6畳の部屋なら8畳用のものを入れてあげれば、印象は違ってきます。天井が低いと思ったら、天井を取り払ってしまう手もあります。配管がむき出しになりますが、金物関係にサビ止めをしてから白色や黒色で吹き付け塗装すれば、都会のカフェのような雰囲気が出せると思います。

入居者ニーズに合わせるため大胆な間取り変更も

平凡な間取りや人気のない間取りであれば、いっそのこと斬新に間取り変更してみるというのも手です。構造体の一部になっていてどうしても抜けない柱や壁も存在しますが、そもそも目の前にある柱や壁を壊してしまうという発想ができる大家さんは少ないです。必ずその間取りで勝負しなければいけないわけではありません。実際、ダイニングキッチンが狭い昔ながらの2DKは人気がないので、すぐ隣の部屋との壁をなくしてリビングを広く取った1LDKにしてしまえば、単身者や若い夫婦に人気になりそうです。

ファミリー物件で若い世代を狙うなら、キッチンカウンターを付けるというのもいいと思います。30年以上前は、キッチンは隠すのがトレンドで、壁で区切られて疎外感がある ために今は人気がなく、アイランド型と言われるオープンなキッチンが若い主婦層の憧れとなっています。仕切られているキッチンでも、壁の上半分を取り去って、板を乗せてキッチンカウンターのような造作にしてしまえばすごく明るくなりますし、そこで食事もとれるので、狭くても使い勝手がよくなるでしょう。パインの集成材など板を載せるだけなので、リフォーム代も6万円とか8万円くらいではないでしょうか。

元は壁で仕切られているキッチンだったところ、壁の上半分を取り去って、パイン材の板を乗せてキッチンカウンターに！

ニーズがなければ作り出せ！

目に見えて存在しているニーズというのは必ず押さえておかなければならないことですが、そうした「常識」だけがすべてではありません。

多数派の市場で戦うのは手堅いやり方です。しかし世の中には必ず「ニッチ市場」があります。またニッチな市場では、彼らの価値観や需要に合った商品は、景気に関係なくユーザーに熱心に支持されるという特徴があります。つまり、うまく潜在ニーズを掘り起こせば、相場よりも高い家賃を取れるだけでなく、そのエリアで何十年にもわたって勝ち残れる可能性が高いということです。

79ページで紹介した栃木県小山市のマンションの1階3DKを巨大なワンルームにリ

フォームしたのはその好例です（下の写真）。事務所として借りに来るケースや、ＳＯＨＯで住居兼事務所として使用するパターンなど、ファミリー仕様の３ＤＫにはなかったニーズを掘り起こすことができました。部屋が細かく分かれているより使い勝手がいいですし、１階の部屋は敬遠されがちですが、事務所として使うなら１階のほうが便利ですからね。

　普通の部屋はそのエリアに何百室も余っているわけですから、当たり前のことをしていても抜きん出ることはできません。ニーズをしっかり押さえつつ、そこからこぼれているニッチな潜在需要を掘り起こすこと。「ニーズがなければ自分で作る」くらいの気概も、事業経営者には必要です。お金がなくても、知恵を絞って「ニッチで勝負！」です。

室内はすべて真っ白なフローリングと壁、天井が広がる巨大なワンルーム。天井はダクトや配管、配線もむき出しの、まるでカフェかギャラリーのような空間

少子化による人口減少や世帯数の減少が襲ってきても、より勝てる部屋を作ればいいだけのことです。奇をてらうだけではダメですが、潜在需要があると確信できれば、果敢に勝負を挑む勇気も必要でしょう。どういう空間にしようかなと考えるのは楽しい作業です。完璧を求めたらキリがありませんし、退去があればそのときに直せばいいわけですから、**自分のセンスで思うようにトライ&エラー**していけばいいと思います。

有孔板をドアや壁の一面に貼り付けて、一風変わった雰囲気を演出

入り口からの目隠しとして130×180cmもある大きな1枚のフロストガラスを設置

玄関はお気に入りの自転車や、ベビーカーがそのまま置けるようにイメージした3畳ほどのスペース

69

常に費用対効果を意識する

リフォームは自分の好きにやれるといっても、そこは経営ですから、常に「費用対効果」を意識しなくてはなりません。

基本的な考え方として、リフォームは「マイナスを消す」ことが第一です。例えば洗面化粧台がないために部屋を探している人の対象から外れることもあります。洗濯機置き場も今は室内にあるのが当たり前ですし、トイレも和式だと受けが悪いでしょう。そういう**直せる範囲のマイナス要素は直しておくべきですし、そこは予算をケチるべきではありません。**

特に**外壁塗装**は、長くやっていないと建物の第一印象が陰気で薄汚れて見えますが、やれば簡単に、びっくりするほどきれいになります。加えて**外壁の修繕（ひび割れや目地の補修）、防水機能の回復も兼ねますので、非常に費用対効果が高い投資**です。建物の大きさや使う塗料にもよりますが、2DKが4世帯の一棟アパートなら全面で50万～100万円もあればできるでしょう。全面でなく、見えないところ（特に隣との隙間があまりなく目につかないところ）は塗らずに、二面や三面にすれば費用も抑えられます。

まずはそうやってマイナスポイントをなくし、基本性能を確保した上で、アピールポイントとなる補強をしていけばいいと思います。

自己満足の罠にはくれぐれもご注意を！

ここで重要なのがバランス感覚です。例えば洗面化粧台は、ありふれたものなら取り付け工事と既存撤去費込みで5万～6万円といったところでしょう。家賃が5万～6万円の部屋ならそんな商品で十分だと思います。それなのにデザインや質感を追求した20万～30万円もする、一流ホテルにあるような洗面化粧台を入れる大家さんもいます。確かに自分自身は満たされるでしょうが、その差額を回収するのに何カ月分の家賃が必要になるでしょうか？　よほど空室が埋まらず、なおかつその設備が入居者ニーズに何十年も確実に刺さり続ける確信があれば別ですが、残念ながら高価な洗面ボウルにそこまでの力はないと思われます。安物でもきれいな新品であれば問題ない部分ですから、費用対効果の高いリフォームを心がけるべきでしょう。

入居者ニーズは、ターゲットとなる入居者の層とエリアによっても変わってきます。都心の単身者向けでは和室は人気がないかもしれませんが、地方のファミリー向け物件ではわざわざ全室を洋室にするよりも、一部屋くらい和室があったほうが好まれたりします。

そのエリアの競合物件を見れば傾向がつかめますので、その上でなにかひとつ「＋α」を加えて差別化を図ればいいでしょう。

かつて景気のいい時代は、賃料は高くてもプレミアムな設備の整った部屋に人気がありましたが、今はそうではありません。設備というものは、新品で入れても5年や10年賃貸していれば、傷みも激しいし結局入れ替える時期がやってきます。自分が自宅にいいものを入れれば丁寧に使うでしょうけど、賃貸ではそこが根本的に違うのです。ですから**ある程度割り切って、完璧を求めすぎないほうがいい**と思います。後述するようにガス会社さんの協力を引き出したりすることで、なるべく過剰な設備投資を抑えたいものです。

壁紙の代わりにペンキ塗装で驚きの費用対効果

お金をかけずに費用対効果の高いリフォームをする方法はいろいろあります。僕は駆け出しの大家だった頃に、お金がないので自分でリフォームをしていたのですが、壁紙を貼り替えるお金ももったいなくて、安く売っていた白ペンキで部屋の壁や柱、そして天井（！）までも塗っていた時期があります。それもツヤ消しの白は高くて、売れ残っていたのはツルツルしたツヤありの白です（笑）。でも、だからといって入居者に避けられることもなくて、一応は清潔感があってきれいですし、なにより地域最安値なので、問題なく部屋は埋まっていきました（内心はどう思われていたかわかりませんが……）。

それで10年以上たって気がついたのですが、そうやって塗装した部屋は、その後、ほとんど美装のリフォームをしていないんです。ツヤ消しだと汚れが固着してしまうかもしれませんが、ツルツルしたツヤありだと拭くだけで汚れが取れてしまう。あまりに汚れがひどかったり、穴が開いたりしていてもそこだけ補修して、上から同じペンキを塗ってしまえば問題なく同化してしまう。わずか数千円でできてしまう**驚きの費用対効果**です。

予算の目安として、僕の場合は**大がかりなリフォームでは賃料の15カ月分を上限に**しています（浴室の入れ替え工事は別途計算）。ほかの大家さんでは**広さ（㎡）×1・5万～3万円**という人もいます。あくまで参考値として人それぞれで決めればいいですが、いったん決めたらそれを遵守して「ブレない」ことが経営にとって大事です。

リフォームはやりがいがありますし、奥が深いです。いったんやり始めると、「あそこも、ここも」と気になるところが次々に出てきて、しっかり予算を決めておかないと底なし沼にハマります。経営者としては、常に「それが入居付けや家賃にどう反映して、最終的に採算がとれるのか？」ということを忘れないことです。ただし、予算をかけずにおざなりでいいというわけでは決してありません。努力によってリフォーム費用を抑え、最大限の費用対効果を発揮することが第一です。

70 長い目で見ればメンテナンスフリーも重要

前ページの「費用対効果」は、あくまでミクロの視点で見てのことです。マクロの視点で見れば、多少は予算がかかっても長期的にはお得というリフォームもあります。

部屋を白いペンキで塗った話はミクロとマクロの両方を満たしていますが、こういう事例はそうそうありません。基本的に、材料費の安いものは耐用年数が落ちます。その良い例が床材です。畳の部屋であれば、畳の裏返しをすれば安く済みます。でも退去があるたびに裏返しや表替え、それでもダメなら丸ごと新調と、入居者が入れ替わるたびいちいちやっていたら、長く住んでくれそうなファミリー物件ならいいですが、学生需要の単身者向け物件の場合はランニングコストが大きくかさんでいくことになります。

そこで、**「畳の部屋は（単身者向けでは）不人気でもあるし、洋室に作り替える」**という選択肢が浮かびます。それなら退去があってもクリーニング程度で済みますから。その際に最も安いのはクッションフロア（CF）です。おそらく今の相場で、6畳程度の部屋なら畳の廃棄料まで含めて6万～7万円くらいだと思います。フローリングにすると9万～10万円くらいでしょう。CFのほうが費用対効果は高いですが、CFは素材が柔らかいので、上に冷蔵庫やベッドなどが長期間置かれると跡がつき、いつかは貼り替えなければならなくなります（それでも畳よりランニングコストは安く済みます）。しかしフローリングの場合は20年でも30年でも保ちますから、そう考えると導入コストは多少高くてもフローリングのほうがいいのかなと思うようになりました。

管理会社の意見では、「ＣＦでもフローリングでも客付けにあまり影響はない」とのことでした。なので僕は、そのときかけられる予算がタイトであればＣＦに、余裕があればフローリングにするよう使い分けています。

最近では、**店舗用のフロアタイル**を取り入れています。これはフローリングよりも少し割高になるものの、高級感があり、耐水性や耐久性に優れ、傷もつきにくく、半永久的に使えます。もし劣化した場所があっても部分張り替えが可能なので、ランニングコストを劇的に下げてくれそうです。地方だと採用している物件が少ないため、ほかとの差別化にもなって、選ばれやすさにつながると思っています。

リフォームの効果が長く続くことも大事

僕が間取り変更をたびたびお勧めしているのは、それが入居者ニーズ的に人気だからというだけではありません。例えば茨城県に所有のアパートは、玄関の扉を開けたらすぐキッチンで、次に4・5畳の和室、一番奥に6畳の洋室がある縦長の間取りですが、真ん中の部屋が暗くて中途半端で使いにくい。これをキッチンとくっつけてCF仕様のLDKにしたり、奥の洋室とくっつけて広めのフローリングにすると、使い勝手がよくなり人気の間取りを提供できるし、扉や襖といった建具もその分減らすことができます。こういった建具は交換すると高いですし、壁の面積も減るので壁紙交換もその分なくなり、ランニングコストを下げてくれます。築45年になる物件ですが、おかげでずっと満室が続いています。

さらに余裕があれば大きなLDKに作り替えて、リビングと寝室を可動間仕切りで仕切るというのも、自由度が高くなってさらに選

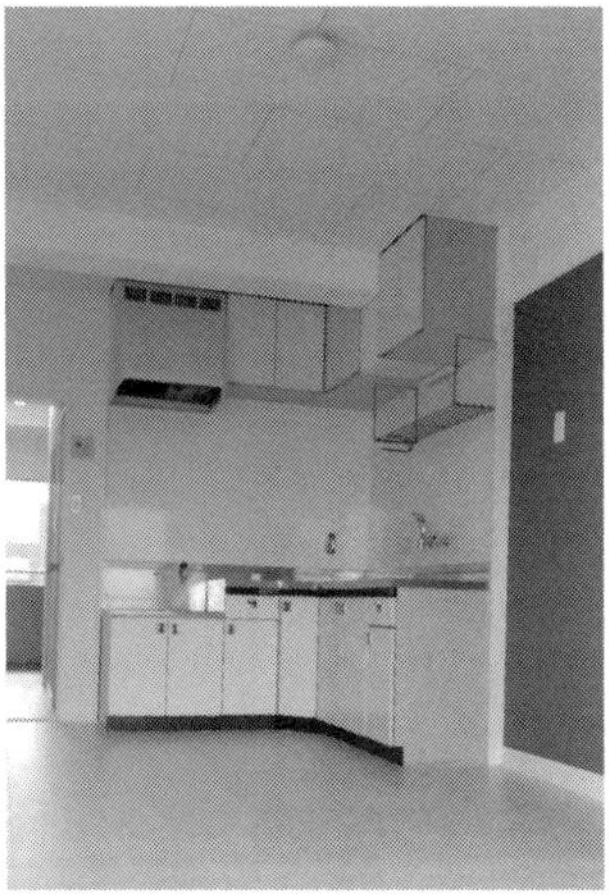

店舗用のフロアタイルをリビングダイニングやトイレの床に取り入れた例

ばれやすくなるでしょう。**可動間仕切りは1箇所10万円や15万円はするでしょうが、それで30年や50年戦える**のであれば部屋の売りにもなるし、逆に安いのかなと最近は思えるようになりました。

どうせ何かやるならメンテナンスフリーで、効果が長く持続するほうがいい。長く物件を持っていると、そういうところに目がいくようになりました。最初の頃は本当にお金がないし、入ってきたお金も次の物件を買うために使うことに注力していて、精神的な余裕もなく、とにかく安価に済ませることだけを考えていました。今は「完璧に直して、50年でも100年でもずっと維持していこう」という考えで、ＳＤＧｓ（持続可能な開発目標）的なリフォームを心がけるようにしています。

71 都市ガスからプロパンガスへ切り替える

リフォーム費用を劇的に圧縮する裏ワザとして、都市ガスからプロパンガスに切り替えるという手があります。プロパンガス会社というのは、平たくいえば都市ガスを含め競合他社のシェアにいかに食い込んでいくかが課題です。そのため交渉次第では、プロパンガスに切り替えることを交換条件に給湯器やガスの配管が無償貸与は当然として、さらにガス関連の設備をサービスしてくれる場合があります。

ガス関連設備といってもコンロだけではありません。オール電化の物件でなければ、キッチンや洗面台、浴室など、お湯の出てくる設備はすべてガス関連です。それらが貸与や格安で済めば、**一部屋で何十万円、建物全体なら百万円単位の費用が浮く**ことになります。

また、ガス会社の職人さんには「多能工」として優秀な人が多いように思います。危険物のガスを取り扱えるだけでなく、水道もいじれるし、穴を開けたり埋めたり、タイル工事や電気工事もできるし、左官工事や大工仕事に塗装やクロス工事もこなしますから。

そうしたガス会社さんと組めれば、助かることが多いです。例えばガス台と流し台のブロックキッチン(ビルトインではなく、台の上にガスコンロを載せるタイプ)の交換を、頼む時期によって値段が若干変わりますが、8万円くらいでやってもらえます。ついでにシングル混合水栓レバーに替えてもらえば競争力が上がりますし、僕はキッチンで何かしてもらうときは換気扇の交換もお願いすることが多いです。古くてある程度の年数が来ると突然壊れたりしますから。それらも商品代くらいでやってくれます。

古い浴室で風呂釜を1万〜2万円で新しくしてもらったり、浴室のタイル床の貼り替えも1万〜1万5000円くらい。水栓やシャワーが老朽化していたら安く交換してもらえますし、ほかに部屋中で気になるところを、例えば劣化した蛇口のパッキンやカートリッジ、トイレの水槽内のボールタップ、洗濯機用水栓への交換なども、全部「ついで」の手間賃と商品代で対応してくださいます。

プロパンガス会社にしても、設備は業者価格で安く仕入れていて、持ち出しになる分はガス料金の中から長い期間で回収していくというわけですね。

デメリットがあるとすれば、プロパンガスは料金が高いというイメージがあるため（実際、そうやって設備を導入した物件のガス料金は高くなると思います）、入居者が敬遠する可能性があることです。特にファミリー向け物件ですと、奥さんがガス料金のことを気にされる場合が多いと思います。そこは**設備費用が節約できた分、家賃を相場より下げれば入居者にメリット**も出てきますし、検討する価値はあると思います。

72 3点ユニットバスのリフォームの仕方

バス、トイレ、洗面台がセットになった「3点ユニットバス」物件はバブル期に大量に作られましたが、今では入居者に人気がなく、投資家もこれを避けがちです。僕も、特に地方では部屋が広くてバス・トイレ別が当たり前なので避けたほうがいいと思います。

ただ、それが理由で空室が多く、安く売り出されているのであれば、あえて購入して高利回りを狙うのも投資としてはアリだと思います。リスクのないところにリターンはありませんから、人が避けるところを逆に「ニッチで勝負！」です。

実際に、**3点ユニットバスが賃貸市場で十分に戦えるリフォームの仕方**はあります。

3点ユニットバスの場合、感電の危険があるためにトイレ部分に通常はコンセントがありません。そこで**防水コンセントを付けて防湿タイプの温水洗浄機機能付き便座に**するだけでも、競争力がアップしてきます。そして幅90cmくらいの**ダイノックシート（化粧フィルム）**を壁の一部だけに貼って、大きめの鏡を取り付ければ印象はガラッと変わります。

さらに温度調整付きの混合水栓シャワーにすれば、シティホテルのバスルームのように機能的でスタイリッシュな空間になるでしょう。

ちなみに**ダイノックシート**は3M社の「ダイノックフィルム」という商品が有名で、壁やドアなどに貼る化粧シートとして素材感の良さと高級感から人気が高く、高級レジデンスの玄関なんかでもじっくり見たらダイノックシート……、なんてこともよくあります。

こうしたやり方は都心部ではよく見られるリフォームかもしれませんが、地方ではまだ使い古されてはいません。なにより3点ユニットそのものをいじるよりも格安です。

そもそも外国人の需要が高いエリアであれば、シャワーだけで済ませる人たちも多いので、気合を入れてリフォームしなくてもそれほどマイナスにもならないでしょう。高利回り物件が少なくなっている今、持たざる者が勝負をかけるなら、あえて、不人気で安い3点ユニットバス物件を狙ってみるのも手だと思います。

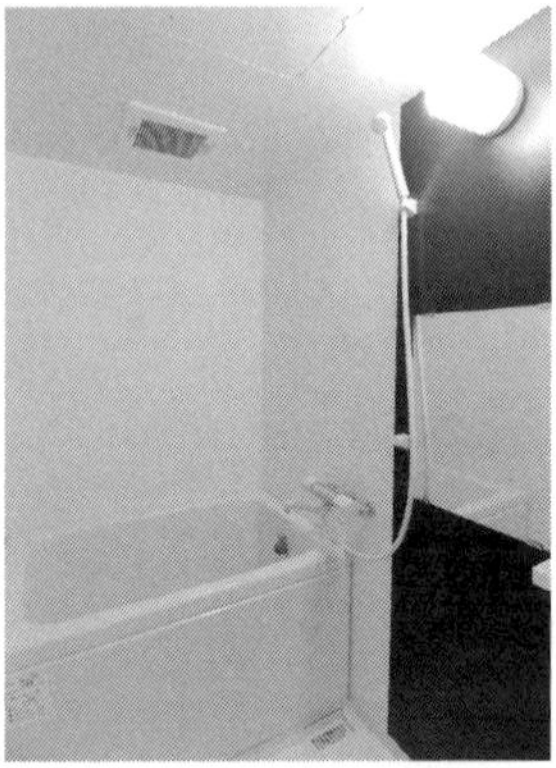

浴室の壁面に高級感ある茶色のダイノックシートを貼った例

73

「商売の箱」を手に入れたらセンスで戦う

物件は経営者にとってまさに「商売の箱」。それを手に入れて、どういうセンスで戦っていくかに経営者の手腕が問われます。ここでは新版で紹介して今も有効なアイデアのほか、この5年間で僕が見聞きしたさまざまなワザを紹介しましょう。

ワンルームの場合は収納スペースが少ないですから、フックや棚を作ってあげると入居者に喜ばれます。壁材に使われる石膏ボードはあまり荷重に耐えられませんから、「ボードアンカー」と呼ばれる石膏ボードにネジ留めするための固定具を使って、「ここら辺にフックがあればハンガーがかけられるな」「ここら辺に棚があれば便利かな」と、入居者が部屋をどう使うか想定しながら作っていくわけです。材料費はそう高価なものではないですから（100均で売っているものもあります）、ちょっとした出費で部屋の差別化ができます。

壁の一面だけ、または一部分だけクロスの色や柄を変える**「アクセントクロス」**を取り入れるのは、今ではもう一般化した手法になってきました。年々さまざまな素材が出てきていますから、それらをうまく取り入れましょう。

改訂版のときは皮革に似せた合皮のクロスを紹介しました。高級感があって、パッと見のインパクトも大きいです。ただ、壁一面にするとインパクトが強すぎるので、例えば腰くらいの高さで60㎝くらいの幅で使ったりするとオシャレかもしれません。アルミ化粧パネルなども、部分的に使うととてもスタイリッシュに演出できます。新しいアイデアとして、店舗に使われる内装用パネリングのオシャレなものを貼るというのもいいと思います。床材のフロアパネル同様に、半永久的に持つくらい耐久性が強く、高級感もあってほかとの差別化を図れると思います。

ヘッドボードや腰壁で実用性とデザイン性の差別化を

これはアメリカでの実例ですが、ベッドの頭のところにちょっと豪華な板で、「ヘッドボード」が作り付けられていたりしますよね。そういう印象で、**床のフローリング材をベッドの頭が来そうな部分の壁に貼ってしまう**というのも、見てすごくカッコ良かったです（228ページに写真）。壁紙は貼り替えなくてはならなくなるけど、フローリング材なら掃除してワックスをかければ20年、30年と使えます。壁での利用ならそんなに汚れないし傷もつかないと思いますので、導入コストは高くても半永久的に持つならアリです。

同じ考えで、**「羽目板」と呼ばれる薄い板のパネルをアクセントクロス代わりに**するのもいいと思いますし、**「腰壁」**といって床から腰くらいの高さまで羽目板を一面に貼りめぐらせるのも、壁の傷対策とデザイン性から好む人もいます。ペット可で差別化を図るなら、腰板にしておくと壁そのものの保護にもなっていいと思います。羽目板の代わりにキッチン用のモザイクタイル（シールもあり）を使ったりするのも、オシャレな演出にいいでしょう。

有孔板、スイッチ類、フリーWi-Fi……工夫はいろいろ

さらに今の世の中の流れなら、居室に余裕のある物件であればテレワークスペースを作るのもいいと思います。やはり専用のスペースがあると便利ですからね。ビデオ会議のときに子どもやペットに邪魔されたりすることもなくなります。**「テレワーク　DIY」**などで検索すると、結構オシャレな空間が写真付きでたくさん出てくるので参考になると思います。**壁の背面を有孔板にしてフックでモノをひっかけられるようにしたり、書類棚を付けたり、大工さんと相談しながらいろいろ工夫**できると思います。

また**スイッチ類やコンセントを交換する**というのもお勧めのアイデアです。カバープレートだけでなく本体ごと替えてしまうと、デザインが一新され、USBのコネクタに対応させたり、それだけで部屋全体の印象がガラリと変わります。

さらに世帯数のそれほど多くない物件で、共用部のどこかにデッドスペースがあれば、ネット回線を引いてルーターを設置して**フリーWi‐Fi物件**にするという差別化もアリだと思います。保守を含めてそういうサービスを提供している業者もいますが（ちなみに僕は「レジデンシャルインターネット」を利用しています）、僕の知り合いの大家さんは自前で設置しています。保守はどうするのかというと、住民の一人と交渉して、家賃を少しだけ下げる代わりに、不調のときに再起動をお願いしているそうです。

まだまだ書ききれませんが、努力と工夫次第で差別化を図り、入居者に選ばれる部屋を作るやり方は千差万別。みなさんもいろいろ試してみてください。

床のフローリング材をベッドの頭の部分に貼ったもの。高級感ある雰囲気に

74 リフォーム業者選びは相見積もりが鉄則

リフォーム計画が描けたら、実際に施工するリフォーム業者を選ばなければなりません。管理会社にお任せするのもひとつの選択肢です。管理会社がすべてリフォーム業者とやり取りしてくれて、自分はなにもしなくていいのでとても楽です。ただし、管理会社が大家の代わりに仕事を行いますから、予算は高くなると思います。

僕の手法では、効果的なリフォームをいかに安く行うかが生命線です。たとえ苦労はあっても自分の主導でリフォームを行って収益性を上げなくてはなりません。実際に物件購入後は、このリフォーム費が出費の大部分を占めることになります。安くて、しかも質の良い施工をしてくれるリフォーム業者と信頼関係を築くことが、賃貸経営のカギを握るといっても過言ではないでしょう。

そうした業者を見つけるための鉄則は、「相見積もり」を取ることです。

相見積もりとは、複数の業者を呼んで、同じ条件でリフォームした場合の見積もりを出してもらい、その値段を比べることを言います。いわばコンペですね。住宅・建築業界では、この相見積もりを取るのが常識となっていて、無料で対応してくれる場合が多いです。

相手もそれが普通のことだと思っていますから、遠慮することはありません。

大事なのは、**最初に「相見積もりであること」をはっきり告げること。**「ほかにも声をかけさせてもらっていますが、それでも見積もりをお願いできますか?」と一言断っておけば、「相見積もりお断り」という業者はそもそも引き受けません。それでも受けてくれる業者であれば、ライバルがいることもわかっていますから、あまりに高い見積もりは出してこないはずです。

参加する業者は管理会社に紹介してもらうほか、インターネットでその物件所在地の市区町村にプラスして「リフォーム」「設備」「工務店」「左官」「建具」といった用語で検索すれば、近場の業者がいろいろとヒットするでしょう。実績などを載せているところもありますから、ピンときたところへアプローチしてみればいいと思います。

相見積もりは最低3社から取る

ただ、僕もすべてのリフォームで相見積もりを取っているわけではなくて、大きなリフォームに限定しています。目安としては金額が50万円を超えるくらいでしょうか。あまりに小さな額で参加してもらうのは申し訳ないですから。

そして何社から相見積もりを取るかは、やる気とかけられる時間にもよりますが、僕は最低でも3社からは取るべきだと思います。2社だけだと、どちらかが高くてどちらかが低いとかしかわかりません。3社あれば、例えばA社が120万円、B社が100万円、C社が80万円だとしたら、「普通は100万円くらいなのかな」と推測できます。もしA社が100万円、ほかの2社が80万円だったら、「普通は80万円くらいなんだな」と推測できるでしょう。

駆け出しの頃の僕は、何が高いのか安いのかわからないから、最初は相見積もりをいっぱい取りました。1時間ずつ時間差で物件に来てもらって、2日かけて10社に相見積もりを取ったこともあります。それを武勇伝のように初版では書きましたが、今はさすがにそれはやりすぎだと恥ずかしい気持ちです。みなさんの貴重なお時間を奪ってしまって申し訳なさもあります。**最低3社、多くても5社くらい**でいいと思います。

相見積もりで相場観を養う

また相見積もりのいいところは、さまざまな業者さんの見積もりを見ることで相場観を養えることです。

個々の部材の値段（ホームセンターやインターネットでもだいたい把握できます）、「人《にん》工代《くだい》」という職人が一日に働いた作業料と、その作業に何日を要するのか、またそのほかの費用（運搬費、駐車代、廃材処分費など）がだいたい見えてきます。

例えばキッチンの蛇口をシングル混合栓レバーに交換する場合、「部材の値段はだいたい7000〜8000円だし、人工代は職人の腕によって1万5000円〜2万5000円。作業は半日で終わるし、古いものの処分費なんて何千円もしないだろう」という相場観ができてくれば、「取り付け費用込み8万円」なんて見積もりが出てきたら、「これは高すぎる！」と一目でわかります。でも知らなければ、疑問にも思わず頼んで、相場よりも高い料金を取られていることに気づけないかもしれません。ですから相見積もりを取って精査することは、本当に大事なことなんです。

もし**可能であれば、一部屋のリフォームを自分で手がけてみる**ことです。電気工事は資格が必要なので業者にお願いしましたが、それも彼らの仕事を横でずっと見ていました。し、クロス貼りや畳からフローリングへの交換などはすべて自分でやりました。工事の段取りや相場がわかりましたし、「こういった方法だったら、この値段でできますよね？」と、逆に指値もできるようになりました。今もその経験はすごく生きています。

仮に自分でリフォームをして失敗をしても、失敗から学ぶこともありますから、今後の経営のための投資と考えて、チャレンジしてみることをお勧めします。

75 業者は値段で選んではいけない

相見積もりを取って、いざどの業者に依頼するかというときに、値段だけで選ぶのはお勧めできません。実際、安いという理由だけでお願いして、仕上がりが雑だったり、お金が回らなくて工事が半年止まってしまったり、前金を払って工事の最中に夜逃げや倒産されてしまったり、ひどい目に遭ったという話はよく聞きます。

何事も適正価格というのがありますから、そこからずれたところに飛びつくのはよくないのかなと思います。あまり値切りすぎると嫌われますしやる気を削いでしまうでしょう。

結局は、たとえ最安値ではなくても、信頼できる業者にお願いするのが一番です。現場で見積もりの相談をしながら話をしていると、誠意を感じられる人はいるものです。**相見積もりは値段だけでなく、これから自分の経営のパートナーとしてお願いできる業者を探す、いわばオーディション**だと意識しましょう。

賢いやり方としては、**「ぜひこの人にお願いしたい」という業者がいたら、相見積もりで出た一番安い値段を伝えて、「この値段でやってもらえますか？」と交渉する**ことです。それで受けてもらえればラッキーですし、多少は押し返されても、双方が納得できる金額で落ち着けばそれがベターです。

見積もりのときに、「この辺でお仕事をされるのは長いのですか？」「どんな案件が多いですか？　築古のリノベーションとかはよくやられていますか？」など、いろいろと聞いてみましょう。もっと慎重にやりたいのならば、その人の手がけた現場や写真を見せてもらうのもいいと思います。ネットで評判を調べてみることもお勧めします。今はいい加減な仕事をしていると、すぐ悪評が出てきますので、転ばぬ先の杖にしたいところです。

見分ける自信がない人は、最初から管理会社に紹介してもらうというのもひとつの手です。自分が管理する物件ですから、変な業者は紹介しないでしょう。最初から予算を伝えて、「この値段でやってくれるようなところはないでしょうか？」と聞いてみれば、つき合いは何社もあるでしょうから、それに近いところを紹介してもらえる可能性はあります。

管理会社からの発注になり、相見積もりで探した業者より多少は高くつくかもしれませんが、窓口が1カ所になりその分楽ですし、家主に代わり監督してもらえるメリットがあります。見極めができずに良くない業者に当たるリスクと、多少高くつく安心感のどちらを取るかです。なんでも自分でやって、費用を抑えることばかりが得策ではありません。

ともかく1回で最高の人をつかまえようと思わず、まずは小さい仕事をお願いしてみて、よかったら継続する、あまりよくなかったら違うところを探せばいいでしょう。

地元の業者に頼むのがベター

また、基本的には物件のある地元の業者にお願いしたほうがいいと思います。理由は、仕上がりがよくなかったら地元で評判が落ちてしまいますから**手抜き仕事をしづらいのと、アフターフォローも頼みやすい**からです。

特に築古の物件の場合は、常になにか問題が起こると思って間違いありません。利回りの高いものは、そういう部分のリスクも全部入ってその値段になっているわけです。水漏れ、ガラスが割れた、設備が壊れたといった緊急を要する場合でも、近ければ駆けつけてもらいやすいですよね。また入居直後の不備や初期不良など意外とあるものですが、すぐに様子を見に行ってくれたりもしますから、やはり地元の業者のほうがお勧めです。

将来的にもそのエリアで物件を増やしていくのであれば、信頼できる地元のリフォーム業者を開拓すればあとは楽です。

「一部屋空くのでお願いします」「また物件を買うのでよろしく」と、電話一本で依頼できるようになります。その関係ができるようになるまではひと苦労ですが、大事な事業のパートナー探しですから、骨を折る価値はあります。

76 リフォームの現場を見に行くべし

リフォームが始まったら、大家として工事現場でできることはほとんどないわけですが、ときどき現場に顔を出すようにしたほうがいいでしょう。

工事をしている職人にしてみれば、人に見られていたら手を抜けないですよね。もしかしたらこの大家さんは、工事の知識を持っているかもしれないわけですから。現場に緊張感を与えるのはいいことです。

職人さんの手の抜き方にもいろいろあって、壁に断熱材を入れなかったり、塗装で下塗りを含めて3度塗りするところを2度塗りで済ませたり……。壁紙の模様を合わせるという細かな部分の仕上げでは、丁寧にやればミリ単位でしかズレないはずなのに、雑にやると1㎝くらいズレることがあります。ひどい業者になると、廃材を捨てるのもお金がかかるし、持ち帰るのも面倒だということで、床下や壁の裏側にタバコの吸殻や飲んだ空缶と一緒に隠したりする場合があります。見られていたら、そういうことはできないですよね。

黙って腕を組んでじっと見ているのでは感じが悪いですから、**お茶やコーヒーを差し入れたりして、「ちょっと見ていってもいいですか」と、邪魔にならないようにしていれば**

いいと思います。まさか「いや、見られているとやりにくいです」なんて言われないでしょうから。いつ来るかわからないほうがいいですから、抜き打ちで、そのためには差し入れという形を取るといいのかなと思います。「これどうやってやるんですか？」「すごいですね！」と素直に仕事ぶりを褒めたりすると、彼らも気分よく仕事してくれるでしょう。

新築マイホームの工事は数千万円の世界ですから、「記録のため」とビデオを撮ることを勧められたりしますが、「勉強のため」とか「実はSNSをやっていてそこに載せたいので」など理由をつけて、スマホで写真を撮るといいと思います。それで思わぬ証拠が出てくるのも嫌でしょうから、プレッシャーを与えられますよね。

また現場をしっかり見ることで、大家としてもリフォームについての知識が身につき、それはあとあと必ず生きてきます。そのためにも都合をつけて、できるだけ現場に顔を出すようにしましょう。

どうしても時間の取れない人は、管理会社に別途費用をお支払いして立ち会いをお願いするのもいいでしょう。僕はアメリカに住むようになってから、大きな工事を施工会社に直接発注するとき、管理会社さんに工事費用の1割前後をお支払いして立ち会ってもらっています。施主の代わりにプロが現場に赴き、打ち合わせを行い、写真を撮って送ってもらうわけですが、リフォーム業社の手抜き防止と同時に工事の進捗も把握できて安心です。

77 目先の利益ではなく中長期ビジョンを描く

リフォームするときは、いかに費用を圧縮できるかだけではなく、将来の物件経営にどう影響するかといった中長期的な視点で見ることも大事です。

前述したように、導入コストはかかってもランニングコストを下げたほうがいいという考え方もあります。課税所得が多く、支払う税金額が多い人であれば、経費として計上できるリフォームを行って、惜しまず予算をかけることで入居者の満足度を上げることもひとつの選択です。安く抑えるばかりが賢いやり方ではありません。

同様に、**管理会社にリフォームをお願いするのも、管理会社がそれで恩義に感じて優先的に部屋を決めてくれるわけで、長期的な視点で見れば得につながります。**僕の場合も、持っている物件のすべてを自分で見つけたリフォーム業者に依頼しているわけではありません。中には高いのを承知で管理会社にお願いすることもありますが（すぐ取り掛かれるときなど）、ずっと満室にしてくれているので、タイミングが合えばいいかなと思います。

ただし、闇雲に出された値段でお願いしていたら、それはただのカモです。あるとき設備工事に70万円という見積もりが出て、高いと思ったので仲のいい業者さんに見積もりしてもらったら28万円という答えでした。それを根拠に「30万円くらいでお願いできないですか?」と言ったら、ちょっとギクシャクしましたけど28万円を少し切る価格でやってくれたことがあります。

それ以来、**「この大家は言い値でそのままオーダーする人間ではないし、相場がわかるくらい知識がある」**ということ、また「いざとなれば業者に頼んでもっと安くできる方法も知っていますよ」ということが相手に伝わったようです。その上で「入居付けでどうぞ助けてくださいね」とあえてお願いしているわけですから、高くふっかけられないでしょうし、先方も儲けさせてくれていることを恩義に感じてくれるでしょう。

通常は自分でリフォームを手配している物件の場合でも、絶対に管理会社に頼まないわけでもありません。僕がお願いしている業者さんが忙しくて動けないこともありますから、そういうときに「この辺で一回お願いしておこう」という感じでやってもらっています。多少高くついても、大事な事業のパートナーに儲けていただくというのは悪いことではありませんし、常に別ルートを確保しておくことも経営上で重要なことです。

ともかく、**相場も知らずに「とにかく値段を下げろ」というだけの大家は嫌われます**し、信頼関係を構築することはできません。賃貸経営は何十年単位の事業ですから、目先の利益だけにとらわれず、将来を見すえて判断していくようにしましょう。

ちょっとした依頼にお勧め「くらしのマーケット」

施主支給工事やちょっとしたリフォームにお勧めなのが「くらしのマーケット」というサイトです。

これはいわばユーザーと各種業者のマッチングサービスで、普通に仕事を依頼するよりも手軽かつ安価に仕事をお願いすることができます。「壁紙貼り替え」とか「エアコン取り付け」など依頼したい仕事内容を入力すると、業者がランキング順で出てきます。そこからエリアで絞り込みができ、料金の安い順に並べ替えることもできます。業者の顔写真付きで、施工例も写真で確認できますし、口コミも読んで納得のいく業者をじっくり探すことができるでしょう。

僕も最近、**アメリカにいながら都内の物件の温水洗浄機能付き便座の交換を頼んだ**ことがあります。管理会社の見積もりが商品約6万円＋工事費が約1万8000円と高額だったので、商品を僕がネットで購入して業者さんに送り、交換工事だけお願いしたら、商品約2万6600円＋廃棄処分代込みの工事費1万3500円でやってもらえました。**トータルで約3万8000円が浮いた計算**です。

手配から実際の工事までとてもスムーズで信頼できそうな業者さんでした。そうやってお試し価格で、将来のパートナーになるリフォーム業者を探していくのもいいのではないでしょうか。

みんなのマーケット株式会社が運営している引っ越し・ハウスクリーニング業者などを簡単に比較できるマッチングサイト。
https://curama.jp/

第7章

入居者さん、いらっしゃい！
満室経営を生む極意

78
部屋の第一印象で大切なのは清潔感

よく就職活動で「面接は第一印象が重要」と言われるように、部屋探ししている人に自分の部屋を選んでもらうためにも、もちろん第一印象が重要です。

といっても、整形して美女やイケメンになるようなリフォームをしろと言っているわけではありません。そんなコストをかけて最新の設備やオシャレなデザインにしなくても、最低限、「うわ、ここイヤだな」と思われないための清潔感があればいいのです。

リフォームが終わったばかりの状態であれば問題ないですが、包丁などは使わないとサビて切れ味が落ちていくように、部屋も空室状態が続くと雰囲気が悪くなっていきます。ずっと閉めきった状態では空気がよどみ、一歩部屋に入った瞬間、においやほこりなどの気配が伝わってしまいます。トイレやキッチンは、「トラップ」と呼ばれる水が貯まる仕組みで下水と直結状態になるのを防いでいるのですが、あまりに長期間使われていないとそれが乾いて下水の臭気が上がってきます。また天井の隅に蜘蛛の巣が張っていたり、床に虫の死骸が転がっていたりしたら……そんな部屋は絶対に選ばれないですよね。

ですから空室期間が長くなった場合は、定期的に掃除したり、水を流したりする必要がありますが、自治体によっては、届け出をすれば基本料金なしで使った分だけの契約（基本料金のある場合より割高にはなるでしょうが）にすることが可能です。

たまに**電気の契約を切ってしまう大家さんがいますが、それもやめておきましょう。**寒い地域では水道管が凍らないように電熱線で温めるような仕組みになっていて、それが動かずに水道管が破裂して水漏れが発生する事故が必ずと言っていいほど起きています。寒い地方でなくても、部屋を案内するのは必ず昼間とは限りません。仕事の都合で遅い時間になったり、雨の日だったりしますから、そこで明るい状態の部屋を案内できるかどうかで第一印象はだいぶ違ってきます。そもそも住んでない部屋ですからそんなに電気代はかからないので、必要経費として払っておくべきです。東京電力の場合は「不動産管理向けでんき申込Ｗｅｂ」というものがあり、インターネットで簡単に「○月○日から○月○日まで」と使用契約を結ぶことが可能です。

部屋に内見用のスリッパを用意するというのはよくあるアイデアですが、不動産屋さんによっては入居希望者を案内したあとそろえず脱ぎ散らかしたままにする人がいて、かえって次に案内された希望者に悪印象を与える場合があります。気配りができる不動産業者かどうかにも注意を払っておくといいでしょう。

79 賃料を相場より1割下げる

物件の魅力というのは、なにもきれいで清潔な建物や設備が整っていることだけではありません。**家賃の安さというのも立派な魅力**です。

家賃の見直しは実に即効性の高い手段です。知恵を絞ったリフォームで家賃を1円でも高く取ることは大事ですが、相場より安い値段で1日も早く入居者を付けるというのも、経営判断として正しいことです。また、引っ越されるとその都度リフォーム費や広告費が発生することを忘れてはいけません。同じ条件で探してそんなに安い部屋はほかにないのであれば、何か事情がない限り、更新時期がきても引っ越される可能性は低くなります。

都心の物件であれば部屋探しをする人が多い分、相場より高くてもオシャレな部屋に住みたいという人の数も多いと思いますが、地方郊外では安い部屋から決まっていく現実があります。リフォームに力を入れて高い家賃を取れても、その負担が重くて入居者にすぐ出ていかれては本末転倒。周辺の物件とそれほど差を付けられないなら、割り切って賃料で魅力付けしたほうが得策でしょう。

ただ安易に家賃を下げるのも考えものです。僕も売主の立場を経験したから思うのですが、さらに将来に目を向けると、家賃を下げることによって売却するときの「想定家賃収入＝物件の表面利回り」が下がり、売値も下がってしまうリスクがあるからです。

家賃そのものを下げるのではなく、フリーレントを付けたり、敷金や礼金、入居者が不動産屋に払う仲介手数料を無料にする手があります。仲介手数料は裏で大家が入居者に代わって負担すればOKです。また**水道や電気、ガス代など光熱費を管理費に込みにして、家賃は据え置き**にするという手も有効かなと思います。実質で家賃値下げになっていてお得だということを、管理会社からしっかりお客さんに説明してもらえれば、十分な魅力付けになるでしょう。最低限のリスクヘッジとして「平均的な使用量の1・2倍まで。それを超えた分は差額をいただきます」といった契約にしておけば安心です。

なお、大家自身では適正な賃料だと思っていても、5年も10年も前の相場観のままでアップデートがされてない場合もあります。現在の自分の物件が、周辺の競合物件と照らし合わせて適正な賃料なのか、その見直しをそもそも最初にやるべきなのです。

その上でやはり下げるという結論に至るなら、経営判断として仕方ありません。どれくらい下げるかは収益性との兼ね合いもありますが、1割程度が妥当だと思います。それより下げなければ入居者が決まらないというのは、物件の魅力自体が不足しているということで、大規模なリフォームを含めて抜本的に見直す必要があるでしょう。

80 不動産会社へのAD(広告費)を増額する

入居者に選ばれるには、選ばれるだけの魅力が物件に必要ですが、それは入居者を案内する不動産屋にとっても魅力がなければなりません。「どうせ決めてくれないだろうな」と不動産業者が思うような部屋では、入居者が実際に見て選ぶ以前の問題で、そもそも紹介にも力が入りません。業界では「アテ（当て馬）」や「ナカ（中くらい）」物件に案内して、がっかりさせておいてから「キメ（決め物件）」に誘導するテクニックがあります。もしも「アテ」物件にされてしまったら、「案内はあるけどなかなか決まらない」ということにもなりかねません。

ですから入居付けのためには、不動産業者に対しても魅力を提示して、いかにやる気になってもらうかが重要で、そこで効果を発揮するのがADの増額です。

不動産業者は入居契約を取り付けると、大家から「AD」という名の成功報酬をもらうのが通例です。**家賃の1カ月分というケースが多いですが、これを2カ月分と出すことでやる気になってもらう、いわば「ニンジン作戦」**です。管理料金は家賃の5％が相場です。もしADが2カ月に増額されれば一気にその40倍の収入になるわけですから、これは会社としても力を入れてくれるでしょう。

ただしこのADの増額という作戦を、安易に使うのは考えものだとも思います。なぜならそれがスタンダードになってしまうと、つまり今は1カ月の相場が2カ月に書き換わることになります。そうなると、今度はそこで抜きん出るために3カ月出すというふうにエスカレートしていってしまう恐れがあるからです。

実際、この本の新版（2016年）でも、東京都下の学生向け物件など、過剰競争で空室率の高いエリアではADを2カ月取るケースも出てきていると書きました。札幌市内のように、供給過多でそのもっと以前から単身向け物件は3カ月というエリアもあります。

今はまだ本格的な流れにはなっていませんが、これからさらに空室率が上がっていくとどうなるか。「管理会社から『2カ月にしませんか』と言われた」という話も、大家仲間からチラホラ聞くようになりました。「ほかの大家さんも上げてきているので」と言われたら、「1カ月だと熱心にやってもらえないんじゃないか」と思ってしまいますよね。

ですからこの作戦は、少なくとも大家側から言い出すのは、あらゆる努力をした上でどうしても決まらないときに、管理会社にも「あくまで特別ですよ」と宣言して使うようにしたほうがいいでしょう。**「今は閑散期なので、○月までの限定特別ボーナスです」**など、期限を決めておけばOKです。AD増額の流れに安易に加担しないようにご注意を！

81 自分の物件の営業マンを増やす

入居を決めるには、物件を見に来る人の数を増やすことが大事です。それはすなわち、自分の物件を紹介してくれる人の数を増やすことでもあります。

この本の初版や新版では、「管理を頼んでいる不動産屋とは別の会社を回って、インセンティブ（報奨金）付きで話を持ちかける」というテクニックを紹介しましたが、僕自身は今ではもうやっていません。地方では不動産屋のナワバリ意識が強いので、「余計なことをしてくれるな」というのが本音だと思います。一方で都内では周囲と情報を共有して、紹介したりされたりに抵抗がありませんから、引き続き有効だと思います。

営業マンは何も不動産屋さんに限りません。僕は**リフォーム業者さんたちにも必ず、「入居者を連れてきてくれたら謝礼をお支払いします」**とお伝えしています。また入居者さんに「お客様を紹介してくれたら謝礼を出します」と伝える大家もいます。これは管理会社にも「そうやってお客さんが決まってもＡＤはお支払いします」ということで了承してもらいます。管理会社も募集に手間と経費をかけていることを忘れないようにしましょう。

82 家具付き物件で入居のハードルを下げる

入居率が悪い地域でも、レオパレス21の賃貸物件は健闘していると聞きます。その要因ははっきりしていて、家具付きで募集しているからです。ベッドに布団、テレビ、冷蔵庫、電子レンジ、洗濯機、エアコンなど、ほとんど身ひとつで入居できてしまうので、初めてひとり暮らしをする人、所有物の少ない人、新生活のスタートにお金をあまりかけられない人や単身赴任者にはとても助かるのだと思います。

ただ、いくら効果があることがわかっていても、これは企業が資本にモノを言わせての方法でもあります。布団や炊飯器はもちろん、電子レンジや冷蔵庫、洗濯機だって「人が使ったものは嫌だ」という人はいるでしょう。新品でそろえるとなると、かなりのコストになってきます。また退去時に入れ替えたり、古いのを廃棄したりという手間も大変です。そこまでするより、**結局は家賃を下げたほうが得ということも**あります。

また、ヘタに家具をそろえてしまうと、逆に家具を持っている人の選択肢から外されてしまう可能性があります。特にファミリーでは、気に入った家具、使い慣れた機器を持っている人がほとんどでしょう。実際に僕も、引っ越しのとき大変だろうからと大きな冷蔵庫を備え付けたところ、入居は決まっても「冷蔵庫はいらない」というケースが大半でした。物置に使えるデッドスペースがある物件でしたが、そこにしまうのも面倒でしたし、結局はほこりまみれになって、売るのも面倒だし廃棄してしまいました。やはり単身者向け物件限定の戦術なのかもしれません。

ですからリストだけ作っておいて、**「入居を決めてくださった方には、冷蔵庫、洗濯機、大型液晶テレビのどれかひとつをプレゼント」**ということをやってもいいかもしれません。その効果のほどが見えなくて、僕自身はやっていませんが、ハマった場合は訴求力になってくると思います。

照明器具とカーテンは内見時から用意

僕が実際にやっているのは、大きな家具や家電ではなく、**照明器具とカーテンはできる限り内見のときから備える**ようにしています。部屋を見せるときに明るいほうが印象はいいですからね。それも、日当たりのいい部屋ばかりではないですし、雨の日や夜に内見する人もいますから、6畳の部屋には8畳用のものといったようにワット数（白熱電球の消費電力）やルーメン（LEDの光束量）が大きいものを入れるようにしています。

カーテンは、窓の外がすぐ隣家だったりする場合の目隠しになりますし、床の日焼けを防ぎ、空室のサビれたイメージを払拭する効果があります。こういうものはホームセンターなどのセールのときにまとめ買いしておきます。照明器具とカーテンだけなら一部屋当たり1万円もかかりませんからお勧めです。

また最近は、カーテンよりもブラインドが人気になっているようです。**ＩＫＥＡのブラインドカーテン**は、一見すごくオシャレだけど４９９円からと非常に安価です。また、布を折り畳みながら上下させられる**ローマンブラインド**も高級感があり、物件のイメージがよくなりそうです。今まで冷蔵庫に文句を言われたことはあっても、カーテンに文句を言われたことはありませんし、できるだけお金を使わず大きな効果を上げたいものです。

IKEA のプリーツブラインド「ショッティス」

IKEA のローマンブラインド。サイズにもよるが 2000 円くらいから

83 契約時は原則的に、家賃保証会社を通す

家賃滞納は賃貸経営にとって絶対に避けたいリスクですが、滞納や夜逃げなどがあった場合の家賃の取りはぐれを肩代わりしてくれる、大家にとって強い味方になるのが家賃保証会社です。

ひと月の家賃の50％程度の掛け金で、2年間の保証が受けられるのが相場です。それが高いとみるか安いとみるかは人によると思いますが、大家にはもはや必須のサービスです。

僕は原則的に、家賃保証を受けられる人だけに入居してもらっています。保証会社を利用していなかった頃、3回も夜逃げ被害を経験しているのでもうこりごりです。

夜逃げをされたら、問題解決に向けて家族や連帯保証人の協力が必要です。しかしその協力が得られない場合は、賃貸借契約の解除や明け渡し（残置物の撤去）、未払い賃料の請求など、裁判所の力が必要になります。証拠集めや法的手続きには手間もかかりますし、残置物の保管や処分費用も大家の自腹になります（本人が見つかればあとで請求できるかもしれませんが）。

夜逃げも怖いですが、滞納されて居座られるのは最悪です。一度契約をすると、入居者

がそこに住み続ける権利はとても強く、判例でも半年程度は滞納していないと追い出せません。最終的に裁判を起こして強制執行などの措置を取ることになりますが、時間や手間と費用もかかって精神的負担も大きいです。

家賃保証会社に加入していれば、滞納家賃や明け渡し訴訟、残置物の撤去などをカバーし、原状回復費用を保証する会社もあります。もちろん家賃保証会社にとってもリスクですから、独自に審査して、危ないと思う入居希望者は断ってきます。大家の立場では入居希望者を断るのは機会損失でありつらいところなのですが、逆に考えれば、審査のプロがそうした不良入居者を未然に排除してくれるということでもあります。実際、管理会社の人が「あの人は落ち着きがない」などどこか怪

家賃保証会社のシステム

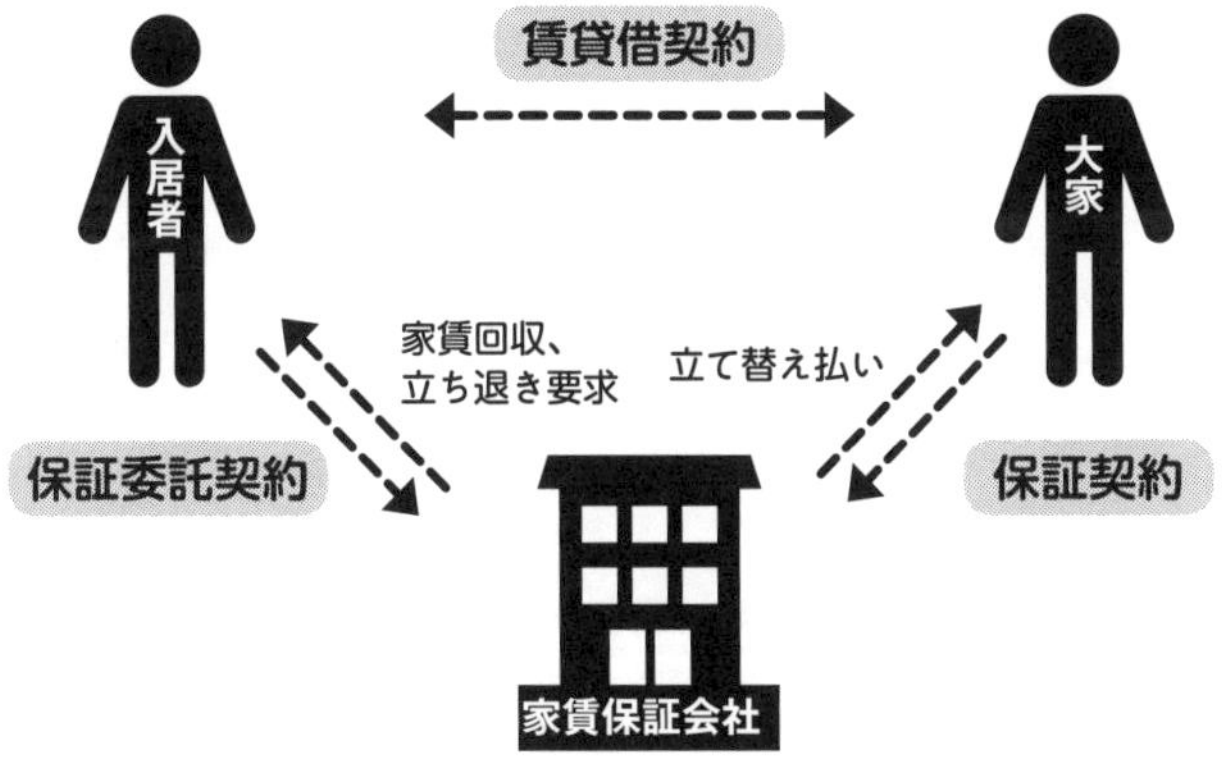

しく感じる入居希望者は、保証会社の審査を通しても落ちることが多いと聞きました。

ただ保証会社は一社だけではなく、審査の厳しさにも差がありますから、**ひとつの保証会社がダメでもほかのところに当たってもらう**ように管理会社に頼めばいいと思います。

基本的には頼りになる家賃保証会社なのですが、序章の最後にも触れたように、その家賃保証会社が倒産するなんてこともあります。そうなると新たに別の家賃保証会社と契約しなくてはならず、その分費用がかかってくる可能性もあります。

ただ、家賃保証会社の倒産は、不景気による滞納や夜逃げの増加が直接の原因というのは少ないようです。そもそも保証会社というのはハウスメーカーやデベロッパー（マンション建設、都市開発）の一部門であったりして、その本業の業績悪化や、ほかの事業への投資による資金繰りの悪化で倒産するケースが多いとか。コロナ禍でもしっかりした大きな会社は潰れていませんし、現在ではクレジット会社も家賃保証業務に参入してきて、クレジットの利用履歴審査などのノウハウを生かした堅調な会社も増えています。

ですからこの先、保証料がいきなり高騰したり、保証会社という仕組みそのものがなくなることはないと思います。どこの保証会社を使っているか気にしている大家さんは少ないと思いますが、自主管理の大家さんは気をつけて選ぶようにしましょう。

84 定期借家契約で不良入居者対策

滞納や居座り以外にも、大家にとって住み続けてほしくない入居者はいます。昼でも夜中でも騒いで奇声を上げる人、部屋にゴミを溜め込んで異臭を放つ人……、その人がいくらしっかり家賃を払っていても、ほかの入居者が逃げ出してしまっては大損害です。

一般的な入居の契約は「普通借家契約」といい、通常は2年の契約期間です。入居者が望む限りは自動的に契約が更新され、よほどの理由がない限りは更新を拒否できません。更新料が払えなくても法定更新され、家賃さえ払えばそのまま住み続けることが可能なので、実際に開き直る入居者もいます。入居者側に半年以上の家賃滞納といったレベルの落ち度がない限り、契約期間中に強制的に退去はさせられません。

このように一般的な入居契約では、入居者の権利が非常に強く、大家の権利は弱いのです。これは戦時中に、焼け出された人や従軍によって一家の働き手を失った国民を保護するための救済策だったとも聞いています。

そこで、はるか後年の2000年に施行された**「定期借家契約」制度**を導入してはどうでしょう、というのがここでの提案です。

これは文字通り、**期限を定めて賃貸契約を結ぶ契約方法**です。2年の契約を結べば普通借家契約と同じように見えますが、2年後も住み続ける場合に普通借家契約が「更新」するものであるのに対して、定期借家契約では「再契約」を結びます。これは大家と契約者双方の合意がないとできません。つまり、出て行ってほしい入居者とは再契約しなければいいということで、大家にとって大きなメリットがあるのです。

入居者には「問題がなければ再契約します」という特約を付けてあげればいいでしょう。定期借家契約では家賃はやや安くなる傾向にあるのと、更新がないので更新料も不要な点は入居者にとってもメリットになります。管理会社の収入になるはずだった更新料の半額は、必要に応じて大家から補塡すればいいでしょう。また家賃保証会社の取り扱いは、通常の更新として扱うところと新規契約として扱うところに分かれます。後者では2年ごとに新規の契約料がかかりますから、最初から「家賃保証料を負担してもらいます」としておけばいいでしょうし、大家が負担してもいいと思います。

またこの定期借家契約には裏ワザがあります。1年以上の契約の場合は、1年前から半年前までの間（通知期間）に契約終了日を通告する義務があり、逆に言えば最低でも半年間は追い出せません。しかし**この契約を1年未満の364日間にすれば**、**通告がなくても期間満了と同時に即退去を求められる**のです。原状回復費を見越して、クリーニング代も最初にいただく契約にしておけば安心ですね。家賃保証会社の審査がどこも通らないような人でも入居させたい場合には有効なテクニックになると思います。

管理会社にとって手間の多い定期借家契約

この本の初版時にはこの定期借家契約が増えていくと予想し、新版では実際に増えてきていると紹介しました。そして今はどうかというと、僕の周りでこそ導入している大家さんもいますが、やはり一般的にはまだまだだと思います。不動産屋の店頭の物件情報でも、「○年後に建て替え予定」とか「転勤で長期間空き家になるため」といったケースがほとんどです（まあそれが本来の使い方なのかもしれませんが……）。かくいう僕自身も、恵比寿で賃貸中の元自宅兼事務所は、アメリカを引き払って日本に戻らなくてはならない場合のリスクヘッジとして定期借家契約としていますが、ほかの物件では使っていません。

というのも、初版時と変わらず、管理会社さんの姿勢があまり積極的ではないからです。基本的に彼らには、「入居者にとって不利だから受け入れられるわけがない」という固定観念がまずあります。そういうテンションのため、特殊な契約として書面できっちり説明する義務を余計に負担に感じるようです。

また1年以上の契約の場合、半年前までの通知期間中に期間の満了により賃貸借が終了することを通知する義務があるのもネックで、それを責任として背負い込みたくないという気持ちもあるようです。一言でいえば、管理会社としてはなんのメリットもないのに、手間と責任だけは増えて面倒くさいということですね。

ですから乗り気でない管理会社を説き伏せてまでやることではないかなと思います。管理会社の面談と家賃保証会社の審査で不良入居者はある程度排除できるでしょうから。それに実際に居座られた場合、定期借家契約だと「追い出すための法的根拠」が得られるだけで、追い出す苦労はあまり変わらないでしょう。ここでは「そういう契約の仕方もある」ということを頭に入れておいて、もし管理会社のほうから「この人はちょっと心配なので定期借家にしましょう」と提案があれば導入すればいいと思います。

定期借家契約のメリット、デメリット

メリット	デメリット
契約期間が終了する6カ月前に、借家人に通知をすれば契約終了となる。1年未満の契約では終了日の通知は不要。	自動更新はできないので、更新時は再度契約を結び直す必要がある。
大家と借家人の合意があれば、新しく契約をすることにより、実質的には賃貸契約を継続できる。	借家人の制度に対する認知度が低く、理解を得なければ、そもそも適切な契約締結ができない。
不良入居者とは再契約をしないことで、優良入居者にとって住みやすい環境となる。	定期借家制度の運用に積極的でない業者も多く、入居付けの機会損失となる。

85 禁断の裏ワザ!? 初期費用全部ゼロプラン

ここでは、入居率の壊滅的な地域で驚異的な入居決定率を達成した知人の不動産さんに聞いた秘策中の秘策、「ZERO入居プラン」を紹介します。

これは「入居者が入居時に支払う費用を徹底的にゼロにする」作戦です。「敷金礼金ゼロ」はよくありますが、当月家賃のほかに火災保険（2万円前後）、家賃保証会社の保証料（月額賃料の50％）、仲介手数料（月額賃料1カ月）、契約事務手数料（1万円前後）、それと鍵交換費用（1万〜2万円）や退去時のハウスクリーニング料金（2万〜3万円）がかかります。もし家賃が4万円としても、合計18万円前後はなかなか大きい出費です。

それが大家負担ですべて無料になれば、入居者は最悪でも引っ越し費用と当面の生活費があれば引っ越して来ることができます。もしもその入居者が更新のタイミングを迎えていたら、更新料を支払うより引っ越ししたほうが安い可能性さえ十分にあります。今の部屋に不満があったとしたら、心が動くのではないでしょうか。

また、そうやって引っ越してきた人というのは、次に引っ越しをするときに、先に羅列した費用を惜しむ意識が働くと思います。つまり、長く住み続けてくれることが期待できます。そうすると退去に伴う原状回復リフォームや次の募集が不要となって、大家にとってはその費用を抑えることができるというわけです。

家賃4万円の場合、大家の負担は当月家賃を除いて14万円前後かかりますが、それも交渉次第で圧縮可能です。僕の知人は契約事務手数料と鍵交換費用は管理会社に交渉して無料にしてもらったそうです。10万円程度であれば、リフォーム費用を節減して初期費用を全部ゼロにするプランを導入したほうが、費用対効果は大きいかもしれません。

またこのプランを導入するときは、家賃をアップしてもそれほど入居付けに影響しません。もちろん安いに越したことはないですが、1割程度アップしても、4万円の家賃を払える人が4万4000円だから払えないということはないと思います。家賃をアップするためにリフォームする必要があっても、4万円を4万4000円にできれば1年間で約5万円を回収できますし、長く住み続けてもらえれば十分にお釣りがくるでしょう。

解約ペナルティに家賃保証……リスク解消の「保険」を用意する

このプランを実際に行う際の注意点は、まず**半年以内の解約にはペナルティ**を設けるべきです。違約金として、代わりに負担した代金分を請求する契約にしておきます。また**火災保険の入り方にもコツ**があります。通常は入居者自身が入るものですから、契約者も被保険者も入居者となるところを「契約者を大家、被保険者を入居者」という契約にしてもらいます。そして2年目以降は、通常の契約に戻して保険金も入居者に負担させます。さらに、家賃保証会社の更新料は、「入居時の加入費用のみ大家負担」。その後は入居者負担」と明文化します。あくまで「入居時の費用」が全部ゼロというサービスですから、更新時は入居者負担ということでも詐欺にはなりません。これらはすべて契約時に特約事項として説明するとともに、別紙にきちんと記載して印鑑をもらったほうがいいでしょう。

さらに安全策を取るなら**「364日以下の定期借家契約」**にすることもお勧めします。シビアに言えば「引っ越し費用を貯めることができない、計画性のない人」をも入居させるわけですから、必然的に滞納や夜逃げなどのリスクが高くなるからです。管理会社と協力して、うまく定期借家契約のメリットを活用しましょう。

ただし、これを僕に教えてくれた不動産屋さんは、「絶対に満室にはするけど、管理はやらないという約束で実行した」と言っていました。やはり入居者の質が下がるのは否めず、実際に夜逃げされたりもしているそうです。だからいわば禁断の裏ワザではあるのですが、家賃保証会社や定期借家契約でリスクヘッジして、家賃も1割アップで満室運営できるのであれば、どうしても空室に悩んでいる人は座して待つより実行してみる価値はあるのではないでしょうか。

86

大家自らがネットで入居者を募集する

インターネットは年を追うごとにサービスが増え、より便利になっています。この本の初版時には、大家自らがネットで入居者を募集できるようなサービスはほとんどありませんでした。新版では2012年に開始された**「ウチコミ！」**というサイトを紹介しましたが、今回はさらに多くのサイトやサービスを紹介できるようになりました。

入居者募集について大家が感じがちな不満には、管理会社との温度差があると思います。大家にとっては自分の大事な物件ですから、「この長所をしっかりアピールしてほしい」と思っても、たくさんの物件を抱えている管理会社はどうしても他と一律の対応になりがちです。その作業を大家自身がすることで、物件への思いを一層細かくダイレクトに反映させることができます。

管理会社への支払いルールを事前に決めておこう

ただこうしたサービスを利用するに当たっては、**管理会社との事前調整が必要**でしょう。大家が勝手に募集して入居者を決めてきて、「仲介手数料もＡＤも払いません」では関係がこじれかねません。管理会社としても図面や案内広告を作ったり、掲載料を払って物件紹介サイトに載せたりしています。また自分で用意する手間を考えたら、写真や図面は管理会社からもらったものを載せたほうが早いですし、敷金や礼金といった募集条件、申込書の形式や保証会社を通すかといった取り決めも管理会社のルールに従う必要があるでしょう。

ですから「自分で連れてきた場合は、大家は管理会社へＡＤの支払いだけ」にするなど、事前に決めておきましょう。これは別の客付け業者が入居者を連れてきたときと同じですから、管理会社にとっても悪い話ではないはずです。

大家自らが入居者募集できるサイト一覧

サイト名	URL	特徴
ウチコミ！	https://uchicomi.com/	大家が直接入居者募集をかけられる賃貸情報サイト。仲介手数料は、大家負担で入居者は無料に。
ECHOES（エコーズ）	https://s-echoes.jp/	大家自らが物件情報を編集し、大手ポータルサイトへ掲載（30日間で3300円）が行えるサービス。
家主ダイレクト	https://casa-yd.jp/	家賃保証、集金代行、孤独死保険がワンパッケージの自主管理オーナー向けサービスを提供。
ジモティ	https://jmty.jp/	「不動産」カテゴリ→全国の「大家直接募集」から募集をかけることも可能。
ヤフオク	https://auctions.yahoo.co.jp/	「その他」カテゴリ→「情報」から募集をかけることも可能。

87 生活保護受給者も入居の対象に

物件によっては、生活保護を受けている方も積極的に入居の対象にしていく選択もアリだと思います。

生活保護は生活費や医療費のほか、別途で住居費も支給されます。滞納などを心配されるかもしれませんが、生活保護受給者でも家賃保証会社に加入させることは不可能ではありません。家賃保証に入るお金がなかったら、大家さんが払ってあげればいいでしょう。僕の知人のアパートは福祉事務所のケースワーカーから生活保護受給者の住居として斡旋してもらっているそうで、空室が出てもすぐに埋まってしまうとか。それだけ一般の大家さんには不要な偏見があって生活保護受給者を受け入れない方が多いのかもしれませんが、だからこそ「ニッチで勝負！」するならチャンスとも言えます。

住居費の額は自治体によってさまざまで、自治体の福祉課で確認をすればわかります。もし住居費が月5万円までと決められている場合、その人が家賃4万円の部屋に住んでいても、差額の1万円は入居者のものにはなりません。そうなると「5万円の部屋に住まないと損」という心理が人間には働きます。

ですから**生活保護受給者の方に入居していただく場合には、その上限の額に近づけて共益費を含めて家賃の設定をする**ことです（共益費は補助の対象外のため家賃に含めておきます）。ただし、その部屋に対しての家賃の相場というのがありますので、設定されている住居費に近い家賃の物件を持っている大家さんは対象と考えてみるのもいいと思います。

通常であれば役所は住居の斡旋はしないはずですが、入居者を紹介してもらっている知人の例もありますので、興味があれば個別にケースワーカーを当たってみるのもいいかもしれません。

僕の物件でも生活保護受給者の方を受け入れていますが、これまで滞納はありません。毎月きちんと家賃を支払ってもらっていますし、また支給された家賃を使い込んだことがバレると保護が打ち切られることもあるので、それが抑止力となっているのかもしれません。自治体によっては、役所に相談すればその人の住居費だけを直接大家に振り込んでくれる場合もあります。本人から委任状をもらうなど多少の面倒はありますが、これだと家賃保証会社を通さなくても確実ですよね。

こんなご時世ですから、自治体から毎月支給があるというのはヘタな勤め人より確実な入居者とも言えます。退去時の原状回復費は対象外ですが、敷金での補修は認められたりしますので、そういったポイントを押さえつつ、ぜひ検討してみてはいかがでしょうか。

88

外国人も積極的に入居の対象に

人口減少のフェーズに入った日本では、労働人口が足りなくなり、移民に頼らなければ国力を保てなくなることは確実です。この本の新版が出た２０１６年当時、政府は「留学生30万人」と打ち出していましたが、その目標は２０１９年度に達成されました。２０２０年度はコロナ禍によって約28万人に減少したものの、ワクチンが行き渡ってアフターコロナの世界になればまた増えていくものと思われます。

ちなみに日本の在留外国人の数は１９９９年末の１５６万人から、２０１９年末には２９３万人と、20年間で約１４０万人増えています。一方、アメリカは1年間に２００万人ずつ増えていますから、そこも今の国の勢いの差となって表れている印象です。

その彼らを積極的に受け入れない手はないと、僕は思います。偏見のせいか、実際によほどのトラブルに見舞われた経験があるのか、「外国人お断り」という大家さんはまだまだ多いですが、そこに新興大家の勝機があります。

よく聞く話では、例えば中国系やブラジル系の人は油料理をよく作るのでキッチン回りがすごく汚れるとか、そのほかの国の方でもゴミの分別やゴミ出し日を守らなかったり、油を排水口に流してしまったりというケースは多いようです。

ただ、それも言葉が通じないことやカルチャーギャップからくるところが大きいので、管理会社がしっかり指導してくれればそう大きなトラブルにはならないと思います。とはいえ大家としても「じゃ担当者さんよろしく」ではダメです。あくまで提供している部屋は自分の財産なのですから、まずい使われ方をしてあとで泣くのは自分です。

最低限守ってほしい注意書きを自分で作り、部屋に貼り出すくらいでも効果的です。ポルトガル語でもスペイン語でもベトナム語でも、翻訳サイトを使えば比較的簡単にできるはずです。凝った文章である必要はありませんから、なるべくシンプルな言葉で、箇条書きで構いません。ラミネート加工もできればさらにいいでしょう。

心配なら専門の保証会社に依頼して

それでも心配であれば、外国人専門の保証会社を通すという手があります。新版でも紹介した**グローバルトラストネットワークス**（GTN）という会社はその老舗で、外国人向けに賃貸不動産を紹介し、部屋を借りる際の連帯保証人業務も行っています。年々事業を拡大し、新版時には16カ国だった対応言語はなんと160カ国語に増加。賃料の保証は最大48カ月で、保証料は最初に賃料の50％（最低保証料2万円）を払い、以降は毎年1万円の保証料が必要になります。

特筆すべきは、**家賃保証のほか付帯サービスとして、生活トラブルなども入居者の言語を話せる担当者がフォローしてくれる**ことです。GTNの後藤裕幸社長によれば、「ひとつひとつルールを設定し、彼らの言葉で言い諭して丁寧に対応すれば、大きなトラブルは今までない」とのこと。日本人に貸す際にも家賃保証会社を付けますし、金額もそう大きくは変わりませんから、かなり心強いですね。

群馬に物件を持つ僕の知人は、「入居者はブラジル人と日本人で半々だけど、3年間で3件夜逃げしたのはすべて日本人だった」そうです。日本人だから安心とは限らないわけです。それに、僕もアメリカでマイノリティの立場だからわかりますが、その国のルールや法律を破ると立場が危なくなってしまうので、遵法精神は逆に強くなると思います。

移民に頼らなければ日本が国力を保てなくなるように、今後外国人を受け入れなければアパート経営が成り立たなくなっていく可能性も十二分にあります。管理会社が対応したがらないケースもあるかもしれませんが、それなら管理会社を変えればいいと思います。来たる将来を見据え、いち早く対応していくことも、経営者として重要なことではないでしょうか。

89

民泊復活!?「Ａｉｒｂｎｂ」の活用法

「民泊」とは、住宅の全部または一部を活用して宿泊サービスを提供することを指し、以前は旅館業法などにより禁止されていましたが、２０１８年6月に全国で正式に解禁されました。

この民泊で大家と宿泊者のマッチングサービスを提供する大手サイトが「**Ａｉｒｂｎｂ（エアビーアンドビー）**」です。大家がサイトに空室を登録し、宿泊者はサイトで泊まれる部屋を探します。登録料は必要なく、宿泊があるとＡｉｒｂｎｂが決済を代行し、**手数料として宿泊料金の3％（宿泊者からも別途6〜12％）を徴収する仕組み**です。Ａｉｒｂｎｂの本体はサンフランシスコにあって、日本にもリネンサービスや鍵の受け渡し、清掃、宿泊マニュアル作成、メッセージ対応などを請け負う代行会社がいくつかあります。

所轄省庁や自治体の認定が必要になり、また宿泊施設にするわけですから、**寝具、カーテン、ハンガー、テレビ、冷蔵庫、洗濯機、机、レンジ、電気ケトル、コーヒーメーカー、グラスやコップなど最低限の家具・家電とアメニティグッズ、それにＷｉ－Ｆｉを用意す**る必要があります。また、外国人客がメインになりますから、宿泊マニュアルや注意書きを各国の言語で作って用意し、掲示しておく必要もあるでしょう。

ゲストによる物件や設備の破損を心配する人もいるかもしれませんが、Ａｉｒｂｎｂには全予約に「ホスト保証」が適用され、１００万ドルまでの財物補償が受けられます。

僕の知り合いが２０１６年当時、東京都内の某駅そばにある、家賃相場月14万円ほどの区分マンションを民泊に出したところ、１００％近い稼働率で月に40万円ほどの売り上げになったといいます。そこから代行会社へ売り上げの10～30％を支払います（清掃費は別途というところも）。かなり幅がありますが、どこまでを任せるかによって、また立地がよくて売り上げの多いところは安く契約できたりするケースもあるようです。

実際の運営にはトラブルも多く聞きます。分譲マンションでは「見知らぬ人たちが入れ代わり立ち代わり出入りするのは嫌だ」とほかの住人からクレームがついたり、マンションの管理規約に抵触する恐れもあります。また、立地がかなり重要で、都心部でも交通の便のいいところ、地方でも観光客の多いところの駅近物件でないと現実には難しいので、**立地のいいところに戸建てや一棟物件をお持ちの方は参入してもおもしろい**と思います。

なお、ワクチン接種が進んでいる国では順調に旅行や飲食業界も回復途上にあり、Ａｉｒｂｎｂは企業として大きな成長が期待されています。今は「民泊なんてとんでもない」という風潮ですが、また復活しておもしろい展開になることを期待しています。

第8章

入居者が決まったら、
いざリスクに負けない運用を！

90 支出をしっかり把握する

これから何十年と賃貸不動産を運営していくに当たって、あらためて心に刻んでおいてほしい大事なことがあります。それは「賃貸不動産には必ずかかる経費があり、それを事前に、ある程度は正確に把握して収支計画を立てること」です。

経費には管理費やローンの利息額のほかに以下のものがあります。

- **固定資産税・都市計画税**（通称：固都税）、**事業税**
- **宅地建物取引業者への仲介手数料やＡＤ**（広告費）
- **原状回復を含めた修理費やリフォーム費**
- **大規模修繕費**（屋根、外壁など）
- **給排水、電気、ガス設備など**
- **火災保険料、地震保険料**
- **定期清掃費**（共用部や外溝、駐輪・駐車スペースの清掃など）
- **消火用設備等の法定点検や報告、メンテナンスなど**

これらの経費については今まで繰り返し触れてきましたので、みなさんもよくわかっていることでしょう。

税金関係は自治体によって一律ではありませんし、細かい算出方法などはご自身で調べてもらえればと思います。

ADの基本は家賃1カ月分ですが、2～3カ月分を支払う地域もあります。

退去時のリフォーム費は、入居者が住んでいた期間に比例して高額となることを忘れないでください。ファミリー仕様は単身者向けに比べて設備の質が上がりますし、建具の数や壁の総面積も多いので、広さが倍ならリフォーム代は倍以上にかかります。

大規模修繕費は、外壁の補修や塗装、屋上防水、屋根などの改修工事で、そういう15年や20年おきにまとまって必要になる費用は毎月積み立てて用意しておきましょう。特に塗装は物件の美観や防水能力を保つために、とても費用対効果が高い投資です。購入したときに、前回に塗装したのが不明であれば、状態を見極めつつ早めの対応が良いでしょう。

また**給水管、排水管、ガス管などライフラインの老朽化による新設工事（更新工事）**や**修復延命工事（更生工事）**は、かなりの出費となります。配管というのは老朽化していくと材質によっては中がサビてきて目詰まりを起こしたり、ひどいと破裂したりもします。

僕の大家仲間のひとりが、築年数は20年以下ですが10年近くも空室の部屋を持っていました。そこに入居が決まり、いざ通水をさせたら、管が破れて階下が水浸しになってしまったそうです。階下の部屋には事務所が入っていたのですが、パソコンが全部壊れてしまって200万~300万円も請求されたとか（初版時よりもっと前の、まだパソコンが結構高額だった頃の話ですね。時代の流れを感じます……）。

幸いすべて保険でまかなえたそうですが、結局は階下の事務所に退去されて大打撃を受けたそうです。また昔の白ガス管（亜鉛メッキ鋼管）だと、経年によるガス漏れのリスクが大きくなってきますので、こうした配管類の更新、更生工事というのは、必然的に費用はかかるものだと思っておきましょう。

火災保険は最長10年、**地震保険**は最大で5年までしかかけられません。長期でかければその分お得ですが、更新時にはまとまった費用がかかります。

定期清掃費は、管理会社の管理費に含む会社と、別途で実費を徴収する会社があります。別途で取る会社のほうが多く、その費用を安く上げるために大家さんによっては独自で手配する人もいます。シルバー人材センターと契約すれば、自治体にもよりますが1時間1000円くらいで頼めます。建物の汚れや郵便ポスト、ゴミ置き場を乱雑なままに放置しておくと、入居者の満足度が下がり、内見に来た人にも悪印象を与えてしまいます。シルバー人材センターで週に1回2時間、月に4回お願いしても毎月8000円ですから、それくらいはやっておいたほうがいいと思います。大家さんの中には、自宅近所の物件であれば自分で掃除だけをしに行く人もいます。

また、古い物件では寝室やキッチンに住宅用火災警報器が取り付けられていない場合があります。2011年に消防法によって義務化されていますから、罰則は特にないようですが、入居者の安全のため絶対に取り付けておきましょう。

想定収支の収入は低めに見込んだほうがよし

また、都心でも**敷金、礼金、更新料**はもらいづらくなっているのが現状ですから、取れなかったことも計算した上で収支計画を立てる必要があります。引っ越し当月の家賃を無料にするフリーレントも珍しくなくなってきて、しかも1カ月ではなかなか決まらず、2、3カ月と行うケースも出てきています。保険料の料率が上がったり、共用部の電気代や水道代が上がったりすれば、これも想定収支を引き下げます。そのほかADも増える傾向にあり、10年前と今では想定収支の収入面が明らかに悪くなっています。10年後はさらに賃料が下がり、現在の敷金や礼金、保証金も近い将来にはなくなるかもしれません。

なお敷金とは、基本的には「返還義務を伴う金銭」ですので、これは収入扱いにはなりません。入居者からの預かり物だと覚えておきましょう。

91

まだある見えづらい支出リスク

前の項目で説明したものはあくまで基本的な経費で、物件運営にはほかにも意外な費用がさまざまにかかってきます。物件や大家によって当てはまるもの、当てはまらないものがありますが、以下に考えられるものを書き出してみましょう。

- **キュービクル（高圧受電設備）のメンテナンス費**
- **植栽の剪定費や除草剤の散布費**
- **共用灯や敷地内の電灯のメンテナンス費**
- **ゴミステーションのメンテナンス費**
- **消防法に基づく防火設備のメンテナンス費**

キュービクルというのは、ソシアルビル（いわゆる雑居ビル）などにある変電設備のことで、1階に店舗が入っているような物件では当てはまると思います。契約電力が50㎾を超えると高圧で受電し、これによって各世帯に電気を配分するのですが、その点検は専門の業者と契約して月に1万～2万円かかります。

植栽がある場合は、植木屋さんを呼んでその剪定をしなければなりません。自分でやることも可能ですが、定期的に行く必要がありますし、出来栄えがやはりよくないでしょう。僕は散布器をアメリカから ネット通販で購入して、自分でやっていた時期もありました。

除草剤の散布も、依頼をすれば一回で1万円近くかかるでしょう。僕は散布器をアメリカからネット通販で購入して、自分でやっていた時期もありました。

大きな物件ですと、敷地に**外灯**が設置されていますが、それが水銀灯の場合は電球代だけで2万円近くもします。また高いところにあるので、取り替えるにははしごで上らなければならず、電気屋さんに頼むと取り替え費用も合わせて3万円は取られたりします。定期的に切れるので、敷地内に何本もあったりすると費用はバカになりません。いずれ消費電力が小さくて長持ちするＬＥＤに交換を検討したいところです。

ゴミステーションが敷地内にある物件は、管理および清掃費が管理会社の管理費に含まれる場合と別途で取られる場合があります。気をつけなければいけないのは、ゴミステーションがなくて、町内の共用のゴミ置き場を使う場合です。町内会の監視がしっかりしている場合、入居者がゴミ出しのルールを守らなかったら、ゴミ回収から村八分にされてしまうケースがあります。そうなると、ゴミ回収を独自

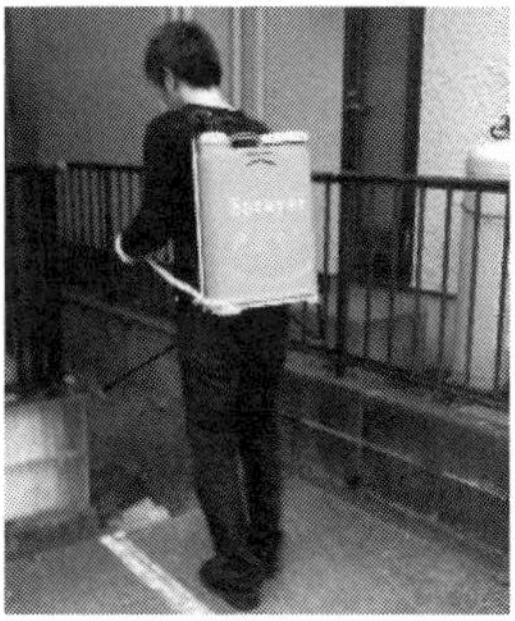

僕は除草剤散布器をアメリカからネット通販で50ドルで購入して、自分でやっていました

に手配しなければいけなくなります。業者によりますが1回につき1世帯500円、8世帯で4000円、それを週に1回、年に50回ほど頼んだとすれば20万円です。敷地内にゴミステーションを作って自治体に申請すれば無料で回収してもらえますが、世帯数が少ないと町内の既存のゴミ置き場を使うように指導されることも……。申請が認められたとしても、その管理と清掃にどのみちお金がかかります。くれぐれも入居者にはゴミ出しのルールを徹底させましょう。

そのほか発生する支出を説明

●町内会費および住宅団地にあるインフラ（大型浄化槽等）の管理維持費

●確定申告の費用

物件を持つと、サラリーマンでも自分で確定申告をしなければなりません。これについては次のページで詳しく説明しますが、小規模であれば自分でやってもそれほど大変ではないでしょう。しかし事業として大きくしていく意思があり、経理関係や計算が苦手な人は、税理士に頼んでもいいと思います。税金関係で相談できる人がいると、事業経営にはとても心強いものです。報酬は税理士の経験年数や所有する物件規模などにもよりますが、決済申告書の作成や顧問料のほかに、記帳代行も含めて月に1万～5万円が必要でしょう。

優秀な税理士は節税のノウハウが豊富で、税務署と渡り合ってくれたりもしますので、報酬が多少高くてもお釣りがくる場合があります。

最後に**町内会費**について、これはある地域とない地域があって、ある地域でも一世帯で毎月数百円というのが普通です。しかし、地方でそれも田舎のほうに行くと、住宅団地の浄化槽や外灯、公園などを町内会で管理するところもあり、その場合には会費も高額になります。僕の持っていた物件の中には、町内会費が年間で1世帯4万円、8世帯あるので32万円もかかるところがありました。決済時の重要事項説明で知って、泣く泣く払っていましたが、「ずっと満室ではありませんから」と交渉して18万円まで下げてもらいました。

また最近聞いた九州の大家さんの話では、そこは集落自前の水道設備で一帯に水を配るエリアだったそうで、物件を買った直後に「機械を刷新するための一時徴収金を数十万円払ってもらいます」と言われてびっくりしたそうです。

そもそも町内会費を大家が取りまとめて払うというのも変な話かなと思いますが、地域の慣習なので、特に地方に物件を購入するときはよく確認したほうがいいと思います。

こういった見えづらい支出も物件購入の前に把握しておき、値引きの材料にするのはもちろん、しっかり収支計画に組み入れておきましょう。

92 中古物件の減価償却期間は戦略的に設定を

物件を購入して大家になると、毎年確定申告をすることになります。

土地は時間の経過により劣化するわけではないので減価償却資産には含まれませんが、**建物については減価償却が認められます。**新築であれば法定耐用年数がそのまま償却期間になりますが、問題は中古物件を購入した場合です。

中古物件の建物は、築年数がどれだけ経過していても、**償却期間（＝耐用年数）を自分で決めることができます。**法定耐用年数を経過した物件の場合、簡便法により最短は法定耐用年数の20％が通例ですが、根拠を示せば任意で使用可能期間をそれよりも長く見積もることも可能です。そして、この設定が後々の経営に影響を及ぼしてきます。

例えば１３００万円で築25年の木造物件を買ったとします。その価値を土地54％、建物46％で按分した場合は、建物は約６００万円になりますね（実際には仲介手数料は建物取得費として、大きな修繕費は資産として計上しますが、ここでは便宜上無視します）。

さて、木造の法定耐用年数は22年ですから、**築25年の木造の場合は「22年×20％」で減価償却期間は最短で4年**になります。

減価償却費は経費になりますから、節税効果は抜群です。仮に最短の4年で減価償却期間を設定すると、毎年１５０万円（＝６００万円÷４年）を経費化できます。この「実際には出ていかない経費」を計上することで最終的に不動産所得が赤字になりやすく、会社員の給与などと損益通算できるため大きな節税効果がありますが、減価償却期間についてきちんと戦略を立てていないと、いざ物件を売却するときに困ることになります。

もしも5年後に売却したとしましょう。空室だらけだったものをＶ字回復させたおかげで、買ったときよりも高い１７００万円で売れることになりました。４００万円も儲かってよかったですね……と言いたいところですが、ここが不動産のややこしいところです。

不動産を売ると手数料や譲渡所得税（個人で所有のとき）などがかかります。この譲渡所得税というのはなかなか高額で、買ってから5年未満の短期譲渡（売却）だと39％、５年以上（譲渡した年の1月1日現在の所有期間が5年超）の長期譲渡でも20％かかります（特別復興税２・1％もかかってきますが、ここでは便宜上省略しています）。

「えっ、１７００万円の20％で３４０万円も税金に取られたら儲けがなくなる！」と思った人は落ち着いてください。**譲渡所得税は売買価格ではなく、その利益に対してかかります。**「だったら仕入れ値が１３００万円で、売値が１７００万円だから利益は４００万円。譲渡所得税額は80万円だな」と思うでしょう。しかし、それも厳密には違います。

この場合、すでに減価償却が4年目で終わっているので、建物の帳簿上の価値はほぼゼロ（厳密には建物の減価償却が終了後、帳簿上の価値は1円になるというルールがありますが、便宜上無視します）。物件の帳簿価格は土地分の700万円（1300万円の残りの54％）しかないことになります。すると簿記上の売却益の計算は、次の通りです。

1700万円（売値）－700万円（土地）－0円（建物）＝1000万円

さらに、売買にかかる経費として、

- 仲介手数料が取引額（1700万円）の3％＋6万円と消費税　※183ページ参照
- 印紙税1万円（軽減税率適用）
- 抵当権抹消登記2万～3万円（司法書士報酬）
- 譲渡所得の税理士報酬

などがあり、合計75万円がかかったとします。

売却益の1000万円から75万円の経費を引くと、925万円。譲渡所得税額は経費を除いた利益の2割、つまり925万円の20％で、185万円となります。

「売値が1700万円、仕入れ値が1300万円だから、差し引き400万円。譲渡所得税額はその20％で80万円」と考えたときよりも、ずいぶんと多くなってしまいます。

確かに仕入れ値と売り値の差額は400万円です。しかし経費の75万円と譲渡所得税の

185万円を差し引くと、純利益はたったの140万円……。

とはいえ、所有期間中に家賃収入はありますし（第3章の143ページのシミュレーションの例では、約17・3万円×60カ月＝1038万円）、また、当初4年で減価償却をたっぷり取っている分、その間の利益に対する税金は低かったはずです。節税した分を売却時にまとめて取られただけ、という見方もできます。

一方、減価償却期間を長く設定していた場合は、所有している1年当たりの節税効果は薄いですが、その分帳簿価格が減りませんので、売却したときの課税所得はより少なく、ひいては譲渡所得税も少なくて済みます。

つまるところ、売却のタイミングなのか所有している間なのか、結局どこかで税金は取られます。ただ、それを自覚した上で、**利益を先に取るかあとに取るか、戦略的に減価償却期間を設定することが大事**というのが、ここで僕が言いたいことです。

例えば先に購入した物件があり経費がかさむのであれば、あとから購入した物件では減価償却を「薄く長く」取る。逆に、ほかの物件や本業が儲かっていてもっと経費が欲しい（節税したい）場合には、減価償却を「太く短く」取るという選択をするといいでしょう。

一度決めた減価償却期間はあとから変えることができません。だからこそ、中古物件を購入した際には、減価償却の期間設定を戦略的に決めておく必要があるのです。

93 更新料をもらわないことのメリット

賃貸不動産では2年の契約が終了して更新時に、「更新料」として賃料の1カ月分をもらうのが相場です（関東の場合。全国でみると半額だったり更新料が存在しない地域もある）。ただしすべてが大家のものになるわけではなく、**管理会社と折半するのが普通**です。おそらく入居者は「大家が全部もらっている」と思っているのでしょうが……（実は管理会社の取り分というのはけっこうあります）。礼金にしても、管理会社にＡＤを払っていますから、礼金をゼロにしたら大家は身銭を切るわけです。

さて更新料については、管理会社と折半とはいえ大家にとって貴重な収入ではあるのですが、入居者にとっては痛い出費です。実際に払ったことがある人はわかると思いますが、払うのにあまり納得がいかないお金でもあります。実際、「払いたくない」と裁判を起こすケースも過去にあり、不動産賃貸業界で大きな注目を浴びました。

２００９年の京都地裁の判決では、大家側が負けています。京都には「更新料は1年ごとに家賃2カ月分」という独特な慣例があり、それが「取りすぎ」と判断されたものです。これに大家側は上告し、最高裁まで争い、結果的に２０１１年7月の判決で大家側が勝利しました。平たくいえば、「その分賃料は安く設定してあるので、トータルで見れば1年ごとに家賃2カ月の更新料であっても妥当である」という判断です。最高裁の判例ですので、更新料をもらうことに司法のお墨付きが与えられた形で、以後はこのような裁判が話題になったことはありません。

ただし、更新のタイミングで出ていかれるというのは、間違いなくこの更新料があるからです。今の時代は、礼金や敷金、仲介手数料がかからず、フリーレントを採用しているアパートもありますから、返還される敷金と合わせて、うまくすれば更新料を払うのとそう変わらずに引っ越しできる場合があります。それならばもっと安く、条件がよく、更新料なしをうたっているところに引っ越したほうがいいと思うのは自然でしょう。

だから僕も、**更新料をナシにしている**ケースもあります。大家にとっては**ずっと住み続けてくれたほうが、部屋をリフォームする必要もないですし、次が決まるまでの「空室期間＝機会損失」もありません。**

ただし更新料は不動産屋の大切な収入源でもあり、なくすことを歓迎はしないでしょう。そこは「こんなご時世ですから、出ていくきっかけを与えたくない」と大家側から交渉してみればいいと思います。それで了解を得られないなら、入居者からはいただかずに、管理会社への半額は大家が負担してあげればいいのではないでしょうか。

94 物件を売却するタイミング

融資を受けて購入した物件も、ローンを返し終わったら晴れて名実ともに自分の「所有物＝実物資産」となります。「無借金＝無抵当」ですから、どうしようが自分の思い通りです。そのまま稼ぎ続けてもいいですし、売って現金に換えてもＯＫ。建物を壊して新たにアパートなりマンションなりを建ててもいいですし、自宅を建ててもいいでしょう。

このような、将来的にその物件をどう運用するかを「出口戦略」といいます。

僕の不動産投資手法では、初期に購入する物件は地方郊外や都心の築古物件なので、売るのに苦労すると思います。そもそも売れ筋の物件ではないから安価で高利回りで買えたわけで、それからさらに築年数が経過するわけですから、さらに売りにくくなっていることは覚悟しなければならないでしょう。

もちろん全空室に近い物件を買って満室の状態で売るのであれば、その分は評価される可能性はあります。でもやはり売ることを考えるより、しっかり稼ぎ出すことに集中しつつ、リフォームなどで息長く稼ぎ続けられるようにしていくほうがいいと思います。

さて、以上が大前提ではありますが、そうはいっても物件を手放したほうがいいタイミングというのも確かにあります。以下、売るとしたらどんなタイミングで売るべきなのかを考えてみましょう。

❶現金が必要なとき

ただしローンが残っているうちは、仲介手数料、譲渡所得税などを差し引いて希望の金額が手元に残せる価格で売れないと、さらに借金が残ることになります。

譲渡所得税の税率は高くて、所有してから迎える1月1日から起算して5年未満の場合は帳簿上の利益から39％（！）、5年以上でも20％は取られてしまいます（※ここでは復興特別所得税や特別控除、軽減税率、買換え特例などは考慮していません）。

❷売却したお金で資産を組み替えたいとき

地方から都心や海外へ物件を入れ替えたいとき、ほかにもっと確実性が高くて魅力的な投資対象が見つかったときも、売ることを考えてもいいタイミングです。

❸飽きたとき、自分には賃貸経営が向かないと悟ったとき

いざ始めてみたものの、自分には向かない、モチベーションが上がらないという状況で無理に事業を続けてもいい結果は得られないでしょうから、早めにやめてしまったほうがいいかと思います。ただ、まだローンが残っている場合は最低限、その抵当権を外せる額で売ったほうがいいと思いますし、そうでないならもっとローン残高を減らせるまで必死で続けたほうがいいでしょう。売ったあとに借金が残るのでは、なんのための投資だったのか、意味がありません。

❹大規模修繕の必要に迫られるも、その費用のめどが立たないとき

これは悔しいケースですね。リフォームローンを借りるという手もありますが、借金が残らない形で売れるなら、それもひとつの判断かと思います。なお大家さんの中には、所有期間中にできる限りリフォームにお金をかけずに、売却するぎりぎりまで利益を上げてから手放す人もいます。

❺相性が悪くて見限るとき

実際に物件を持っていると、相性が悪い物件というのはあります。自宅から遠すぎて物件に出向くのがだんだん苦痛になってきたり、管理会社がイマイチであったり、思うように入居が決まらなかったり、入居者の滞納やクレームが妙に多いときなどです。

以上のような理由で売る場合は、「売ってほしい」という話が向こうから来ている場合などであれば、必ずしも利益確定に固執する必要はないと思います。金銭的には儲からなくても、縁を切れるタイミングを逃さないことが次善の策です。

売却後の手残りはいくら？

※千円未満は四捨五入

購入時の物件価格　4800万円

年間家賃収入　828万円(利回り17.25%)

金利3%、25年のフルローンで取得

建物の減価償却資産を物件総額の4割、25年間で償却を設定

7年後

利回り12%で売却したら……

ローン残高　3161万円

簿価(土地 ＋ 建物)　4262.3万円

［利回り12%となる物件価格］

828万円 ÷ 12% ＝ 6900万円

年間家賃収入　利回り　物件価格

［仲介手数料(税込み)］

(6900万円 × 3% ＋ 6万円)×1.1 ≒ 234.3万円

［譲渡所得税(長期所有の税率20%を適用)］

(6900万円 － 4262.3万円 － 234.3万円)× 20% ≒ 480.7万円

販売価格　簿価　仲介手数料

［手残り額］

6900万円 － 3161万円 － 234.3万円 － 480.7万円 ＝ 3024万円

物件価格　ローン残高　仲介手数料　譲渡所得税

手残り額は3024万円

95 積極的に売却益を狙うなら

売却の際は、買い手を取り巻く融資環境を知っておくことが大事です。

一般論としては、**金融機関の不動産投資案件への融資基準が緩みはじめたならそれは売り時**です。「融資が付かないから下げてくれ」と言われる可能性が低くなり、購入する人が増え、売り手市場となるからです。

しかしその流れが加速すると、大手のデベロッパーが売り惜しみを始めます。各社が在庫を抱えながら売り惜しみしつつ、値段をつり上げていきます。このあたりが売り時の最後です。値段が上がりすぎると当然売れにくくなりますし、それを受けて銀行の融資基準が引き締められると、今度は一気に値下がりして買い手市場へと振れていきます。

売却益をしっかり狙うなら、そうした売り時を逃すべきではありません。ただ、こればかりは自分ではどうしようもないことですから、市場の動き、銀行の融資状況をしっかり把握して、絶好のタイミングを逃さないようにしましょう。

売り出すときには、高値を狙いすぎると売れないこともあります。売れないから少し値を下げて、しばらくしてまだ売れないから、また少し値段を下げて……と、小刻みに段階的な値下げを行うよりも、最初から少し値ごろ感を出したほうが早く確実に売れる場合もあります。勝負の仕掛けどきの見極めが肝心です。

とはいえ転売というのは、プロでも儲けていくことが難しいものです。不動産相場が右肩上がりの状況ならまだしも、先行き不透明な時代に素人が儲けるのは難しいでしょう。売却は購入よりもずっと難しく、3カ月後に売りたいとしてもタイミングよく買い手が現れるとは限りませんし、あなたがさんざん値引いて買ったように、必ず買い叩かれます。

僕が**「資産性よりも収益性を重視して買うこと」**と口を酸っぱくして言うのは、**いくら資産性が高くても狙い通りに、「現金化＝売却」するのは難しい**からです。逆に、築古物件はそもそも融資がつきづらいものなので、融資状況はそんなに影響しませんし、5000万円以下の価格帯であれば経験上、現金で購入する人たちも一定数見込めます。築年数が法定耐用年数を超えている場合、先述したように短期間で大きな建物の減価償却が取りやすいため、節税目的で買う人がいるわけです。

ですからしっかり修繕もされていて稼働率も高ければ、もはや出口で苦労する可能性は限りなく小さくなると思います。売却が唯一の出口戦略ではあとがないですし、資産性よりもなるべく収益性が高くて安定稼働する物件を持つことを必須条件として、**転売については過度な期待を持たない**くらいの姿勢でいいと思います。

96 少しでも高く売却するためのコツ

僕はずっと、「買ったら売らない」をモットーにしてきました。しかし、米国永住権を取得するためにまとまった現金が必要となり（50万ドル≒5000万円以上の投資を行うことで永住権が取得できるため）、2012年からいくつか所有物件の売却を進めました。「地方の古い物件なんて売れるの?」という声もありましたが、すべて購入時より高く買い手が付きました。

売却したのは千葉県旭市の2棟一括、同船橋市の1棟、栃木県下野市の1棟の計3件で、旭市は1室、船橋市も1室空いていて、下野市は満室でした。旭は買い値1600万円を2050万円で。船橋は買い値4800万円を6000万円。下野は買い値4150万円を4600万円で売却できました。ここでは物件の売却について、高く売るためにはどうすればいいか、僕の経験から記しておきましょう。

ポイントを押さえた物件概要書を作成する

売却に当たって、それぞれ物件概要書を作成しました。旭市の場合は東日本大震災で被害が結構あったエリアでしたから、地震でどう影響があったか、逆に影響がなかったかということを書き出しました。基礎にヒビも入っていませんでしたし、周囲も同時期に開発供給された140世帯の1軒たりとも地震で屋根瓦が落ちていなかったことも書きました。旭市にも津波が来ましたが、僕の持っていた物件は4㎞ほど内陸に入ったエリアにあってなんの被害もなかったこと、インフラの復旧でも特に遮断もされず問題がなかったことも付記しました。買主の方も安心されたと思います。

また、下野市の場合は、もともと栗畑だったから水はけがよくて地盤がしっかりしているとか、僕が物件を購入するときに調べて聞いたことを思い出して書きました。また6mの公道を敷地内に引き込めば、駐車場付きで南向きの分譲住宅が5棟から6棟建てられることや、湘南新宿ラインの始発駅からの徒歩圏であることなどもアピールしました。

それには当時、融資の担当者を口説き落とすために作った資料が役に立ちました。**融資の担当者を口説き落とすのも、買主を口説き落とすのも、ポイントというのは一緒**です。自分が買主だったときにどういうことを知りたかったか、自分がどこに魅力を感じて購入に至ったのかというのは、売却するときにも大きなセールスポイントになります。

なお、**リフォームや修繕の履歴もアピール材料**になります。それだけお金をかけて物件を大事にし、価値を高めてきたことの証ですから、しっかり書き出しましょう。確定申告の控えを見ればすぐに調べられます。金額も書いておくとさらにアピールできるでしょう。

また、買主も投資家ですから、管理状況も気になるはずです。いくら満室で売りに出ているとしても、それはたまたまでずっと半分は空室で推移していたかもしれないわけです。レントロール（契約期間もわかる賃貸状況一覧表）で優良な経営ぶりとともに、月に何回清掃を入れているかといった良好な管理状況もアピールしておきましょう。

値段設定は指値を想定して高めに

売値はあまり高くは狙いすぎず、「これくらいで売れればいいな」という値段より少し高めに出すのがコツです。もちろん少しでも高く売りたいところですが、最初が高すぎると当然ずっと売れ残ることになり、しかも小刻みに値下げていくことで「誰も手を出さないような物件なんだな」というマイナスイメージがついてしまうからです。相場を意識しつつ、慎重に設定しましょう。

いい感じの値段で出して、購入希望者が現れたら、交渉して妥協点を探っていきます。そうすると買主の方も「歩み寄って値下げしてくれた」という印象を持って、納得してもらいやすいと思います。旭市は２３００万円、船橋市は６４００万円、下野市は４９００万円で出して、それぞれ先に書いた値段で落ち着きました。

第4章で「値引き交渉はブレてはいけない」と書きましたが、**売主を経験してみて、妥協するラインというのは最初に心に決めてやるもの**だなと改めて思いましたし、値下げに応じるには「この人が本当に買えるかどうか」というのをポイントに見て、情報は慎重に出しました。そうでないと「あの物件は値下げＯＫ」という情報だけがひとり歩きしてしまって、売主としてはなんの得にもなりません。

相手が本当に買えるのかどうか、職業や自己資金などのバックグラウンドを聞いて、銀行に打診してどんな感じなのかをある程度わからないと、「値下げ」というステージに上がるべきではないと思います。

また、売主の立場から見ても、**やはり現金客は強い**と思いました。まさに旭市がそうで、現金があるからすぐに買えますし、また条件が合えばほかの物件も買えるわけです。買主の揺れ動く気持ちがわかって、こちらもドキドキでした（笑）。

２１００万円で決まりそうな感触もあったのですが、買主の決心を固めさせるための一押しとして、最後に50万円値引きすることにしました。多少の歩み寄りも、誠意として十分な効果があったようです。売主となった場合には最後の値引き姿勢もある程度、心積もりとして準備しておいたほうが決まりやすいと思いました。

97 カントリーリスクにも目を向ける

これから書くことは、今から資産を築こうとする人には先走りすぎた話かもしれませんので、「そういう考え方もあるのか」という参考程度に読んでもらえれば結構です。

「カントリーリスク」という言葉をご存じでしょうか？

これは、その国の不動産や有価証券に資産を集中していること、またその国に住んでいること自体で抱えるリスクを指します。政治（のダメさ加減）や自然災害の度合いもその判断要素に含まれます。

１９９１年のバブル崩壊から、日経平均株価は当時の水準に近づいたとはいえ、好景気を実感している人はいないでしょう。「いまだＧＤＰ（国内総生産）では世界3位だ！」と言う人もいるでしょうが、人口で割った一人当たりのＧＤＰでは韓国よりも低い世界で30位（ＩＭＦ「World Economic Outlook Database」より）です。ハッキリ言えば、今や日本は経済大国と言えるか怪しいところです。少なくとも世界のトップではありません。

もしもこのまま、日本の経済や産業力が衰えていけば、日本が先進国の立場から転落し、日本円の価値も世界の通貨に対して弱くなるかもしれません。そのとき日本国内の、しかも不動産だけに資産を全部固定させているのは、間違いなく大きなリスクです。「不動産」だけあって、現金化しなければ海外に持ち出すことはできないわけですからね。

僕は2012年からアメリカでも不動産投資を開始しました。IMFによるとアメリカの消費者物価指数は、それから9年間で約115％の成長を遂げています（日本は106％）。不動産における代表的指数「S＆Pケースシラー住宅価格指数」の主要20都市の戸建ての価格では、2012年5月から9年間で188％上昇しています。また先進国でほとんど唯一人口が増加し、特に若年層の増加が顕著で、将来も消費拡大していくことが予測されています。

実際、アメリカでは物価がバンバン上がりますが、その分給料もバンバン上がります。仕入れ価格が上がったら、商品の価格も上げて、お店の売り上げも上がって給料に反映されるというのがアメリカです。でもデフレ下の日本では、「価格を上げると売れない」ということで、仕入れ価格が上がっても商品価格はそのままで、量を減らしたり、サービス残業で一人当たりの労働量を増やしたりして帳尻を合わせている状況です。

もちろん僕は日本人の底力を信じていますし、なにかイノベーションを起こして再び世界のトップに返り咲く日が来ることを願っています。またアメリカだって永遠に世界のトップにい続けられる保証はありません。

リスクヘッジの基本は分散させることです。

同じ日本の中で株や国債などに投資対象を替えても、カントリーリスクからは逃れられません。ひとつの国だけに資産を集中しておく危険にも目を向けましょう。僕の場合は資産の源泉を、円と米ドルというシーソーの関係にある通貨で所有することで、資産防衛につなげているわけです。

日本にいながらでも米ドル資産を増やすことは可能です。金融商品はもちろん、わざわざ**渡米せずに不動産を買うこともできます。**アメリカの場合は、家賃収入を得るよりも売却益を得る投資が中心で、戸建て投資がお勧めです。

物件を日本からバーチャルツアーで確認でき、売買契約や物件調査なども含めて、不動産を取り引きする仕組みやサービスが確立しています。地元に銀行口座を開く必要はありますが、カリフォルニアのユニオン・バンクは三菱ＵＦＪ銀行が１００％親会社なので日本語の電話窓口があります。同様のものはカナダ、オーストラリア、ニュージーランドにもあると聞きます。

そういう仕組みやサービスを使って、海外にも目を向けてみるのもいいでしょう。将来のおもしろい目標になると思います。せっかく作った資産ですから、自分自身や大切な家族を守るために、何が起こっても大丈夫なようにしっかり保険をかけておきたいものです。

ケーススタディ
まずはアパート一棟、買いました！

ケース① アパート一棟からの拡大戦略でメガ大家さんへ
一棟アパマンのオーナー・脇太さん（年間家賃収入6400万円）

2012年、当時30歳になったばかりの脇太さんは人生に悩んでいました。勤め先は大手企業でしたが、契約社員で年収は400万円。仕事は忙しく、それでも毎年の契約更新が約束されているわけではありません。「もっと時間もお金も余裕のある人生を送りたい」……そんな思いでいた脇さんが選んだのが不動産投資でした。

今ではアパートを中心に12棟を所有し、自身のサイト*を通じての情報発信やセミナー開催などで活躍する脇さんらしく、その投資手法も実に理論的です。当時持っていた自己資金は400万円。サラリーマン歴はまだ4年で契約社員でもあり、使える金融機関はそれほど多くない状況でした。「だから絶対に失敗したくないという思い」で不動産投資について必死に勉強し、知恵を絞りぬきました。

まず脇さんがこだわったのは立地です。「不動産で唯一、立地だけは買ったあとから変

＊ http://w-fudosan.com

えられない。ここで失敗すると致命傷になる」。そのため**最初の物件は「東京23区」にこだわりました。入居付けで有利な点とともに、「失敗した場合に売却しやすい」という攻守両面での判断です。**ただし当時の脇さんが都心に買える一棟アパートは築古のボロ物件になり、フルローンやオーバーローンで、しかも期間の長い融資を引くことは不可能でした。当初は「月に100万円のキ

所有物件一覧

購入年月	所在地・種別・間取り・世帯数	購入価格
売却済み 2012年7月	東京都中野区に中古区分（1R×4）	3600万円
2013年7月	神奈川県相模原市に中古一棟アパート（1K×8）	5700万円
2013年10月	神奈川県横浜市に新築一棟アパート（1K×6）	5200万円
2014年9月	愛知県名古屋市に中古一棟マンション（1SK×10）	6200万円
2015年10月	愛知県名古屋市に新築一棟アパート（1K×9）	8000万円
2016年2月	愛知県半田市に中古一棟マンション（3DK×6）	4100万円
2016年3月	愛知県名古屋市に新築一棟アパート（1K×8）	6300万円
2016年9月	愛知県名古屋市に新築一棟アパート（1K×8）	6400万円
2016年12月	愛知県名古屋市に新築一棟アパート（1K×8）	6300万円
2018年5月	愛知県名古屋市に新築戸建て（4LDK）	6000万円
2019年9月	愛知県半田市に中古一棟マンション（1K×8）	4100万円
2020年11月	愛知県半田市に中古一棟アパート（1DK×8）	7000万円
2020年12月	埼玉県上尾市に中古一棟アパート（1LDK×10）	9800万円
2021年9月	三重県鈴鹿市に中古一棟マンション（1K×15）	5100万円

ャッシュフロー」を目標としていた脇さんにとって、キャッシュフローに直結する融資期間は重要です。そこで選んだのは**「融資がつきやすく、失敗しても売却しやすい区分マンションを、一気に4区分購入する」**こと。当時築25年のワンルーム・マンションを4区分合計で3600万円。諸費用込みのオーバーローンで27年の融資を引いて、2012年7月、31歳の誕生日に不動産投資家としての第一歩を踏み出したのでした（現在は売却済み）。

こうしてローンの返済や管理料、修繕積立金などを払っても毎月10万円のキャッシュフローが脇さんのものになりました。「あれだけ不安に思っていたのに、半年がたって60万円、1年たって120万円が通帳に貯まっているのを見て感動したことを今でも憶えています」と脇さん。そして以後は「コストパフォーマンス（収益性）がよく、たとえ失敗してもダメージが小さく、売却もしやすい」木造一棟アパートを、愛知県を中心に買い進め、後に区分マンションは売却したそうです。

2016年2月、最初の購入から約3年半で、**月に100万円のキャッシュフローの目標を達成**し、2021年9月には次なる目標とした「月に200万円のキャッシュフロー」も達成するという脇さん。「サラリーマンの給与の何倍もの収入が、労働もしていないのに毎月入ってくる」喜びを満喫しつつ、今後は「財務基盤をじっくり強化しながら専業大家を目指す」とのことです。

ケース2 家族でアパート・戸建て経営、現在は満室御礼

戸建て物件のオーナー・ゆめたか大家さん（年間家賃収入は非公表）

ご夫婦でそれぞれ会社に勤めながら不動産投資を実践し、ブログも開設しているゆめたか大家さんは、ありがたいことに僕のこの本の初版を読んだことがきっかけで第一歩を踏み出された方です。

インターネットで不動産投資の存在を知り、本やブログやメールマガジンを読んで勉強するようになったというゆめたか大家さんは、２０１２年に都内の葛飾区に築34年、２Ｋが2部屋の一棟アパートを１４２０万円で購入しました。駅から徒歩3分の立地だったことと、売り出し価格の２１８０万円から１４００万円に値下がりしており、「土地の積算価格を下回っていたので、これは絶対に買いだ」と思ったそうで、**「（建物の）資産性よりも収益性を重視して決めました」**と、まさに僕の手法を実践されています。

自己資金は３００万円で、日本政策金融公庫から１４００万円の融資を受けました。公庫に相談すると保証人の有無を聞かれて、「ラッキーにも５０００万円の貯蓄がある方が保証人になってくれたので、融資が下りたのかなと思います」と冷静に振り返ります。そして最初の物件を見事に成功に導いたゆめたか大家さんは、以後も順調に物件を増やして

いきます。現在も詳細は非公開とのことですが（会社員を続けていらっしゃるため）、「すべて築古（平均築年数45年）の木造物件で、東京都と千葉県の戸建てが中心」とのこと。総資産規模は億単位の大台に乗っているとか。所有物件を公開しないのは、実は勤務先の変更に支障をきたす可能性があるからだそうです。

夫婦ふたりで、というよりも小学生と中学生のお子さんも一緒に物件の掃除を手伝うなど、家族で楽しみながら賃貸経営されているほのぼのとした姿が好感を誘います。

不動産投資を始めてよかったことは、「勤務先が嫌だなと思ったら、いつでも勤務先を変えることができるようになったこと」との答えでした。

「都内など土地値の高い地域では戸建てでは収益性が低くなってしまうので、『まずはアパート一棟』で始めてよかった」とうれしいことをおっしゃってくれるゆめたか大家さん。今後も家族で賃貸経営を続けて、法人化も視野に入れているそうです。

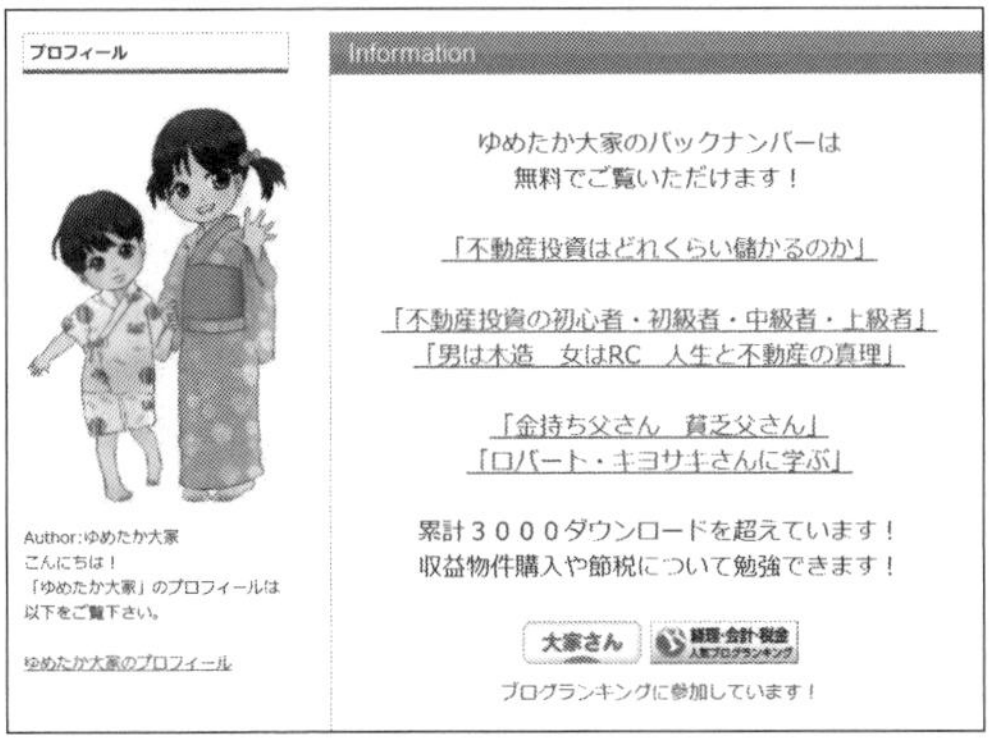

＊ https://yumetaka365.blog.fc2.com/

ケース③ 老後資金50万円を目指してアパート経営

一棟アパートのオーナー・森秀樹さん（仮名）（年間家賃収入756万円）

お勤めで年収540万円を得ながらも、「定年後も育ち盛りの子どもを養い、老後のために毎月50万円の可処分所得を得たい」と、50歳を前に一念発起して行動を起こした森さん。不動産投資を選んだのは、「自己資金ゼロで可能だったことが大きな理由」だったとか。確かに森さんが物件を購入した時期は、この本の新版でも書いていたように金融機関が不動産への融資に積極的でした。

森さんは貯蓄もそれなりにありましたが、「自己資金ゼロ」にこだわり、**「1年半、毎日ネットで物件を検索しては、自己資金ゼロで融資可能かを売買仲介会社から金融機関へ持ち込みをお願いした」**そうです。そして2015年、森さんが49歳のときに、千葉県東金市に築14年、1K10世帯の木造一棟アパートと、神奈川県横須賀市に築28年ロフト付きワンルーム8世帯の木造一棟アパートを相次いで購入します。いずれも表面利回りは10%。前者はSBJ銀行から金利3・15%で30年、後者は静岡銀行から金利3・9%で30年のオーバーローンを引いていますから、かなりのやり手と言えます。

実は東金市の物件は自殺者の出た事故物件だったそうですが、入居付けにも家賃にも影響なく平均85％以上の入居率を保っています。横須賀市の物件もほぼ満室経営だそうで、**「やはりまとまった収入が得られるのは、アパート一棟から始めてよかった」**とそこは満足していらっしゃいます。ただ、表面利回り10％は決して高いとは言えず、融資金利も低いとは言えない上にオーバーローンを引いているため、月々の手残りが少ないのが悩みで、**「もっと勉強してから始めればよかった」**と反省しているとか。

とはいえその分、自己資金ゼロで始められて、しっかり優良経営して残債は順調に減っているわけですから、決して失敗ではなく成功しているほうだと思います。以後、約１００冊の不動産投資本を読破し、２００以上のセミナーにも参加して知識を蓄えた森さんは、「地元の関西で規模を拡大して、投資額10億円のメガ大家を目指す」と意気込みは十分です。

地域最安値級で勝負している、２件目の横須賀市のアパート。崖の上に建つ

物件一覧

購入年月	所在地・種別・間取り・世帯数	購入価格
2015年7月	千葉県東金市に中古一棟アパート（1K×10）	4530万円
2015年12月	神奈川県横須賀市に中古一棟アパート（1R×8）	3480万円

ケース④ 「借りる」「もらう」新手法で所有せずに家賃を得る！

戸建て物件のオーナー・三上大貴さん（家賃年収数百万円）

最後にご紹介する三上さんは30歳代半ばで、東京で広告代理店に勤める傍ら、戸建てを中心に変わった投資法を実践しています。「まずはアパート一棟」という本書の趣旨からはちょっと外れるのですが、いかにお金をかけずに効率よくリターンを得るかという根っこの精神は僕と共通していて非常に参考になる部分もあると思います。

最大の特徴は「物件を購入しない」ことです。まず物件は街を歩いて足で探します。空き家を見つけて、その持ち主にコンタクトを取って、月々いくらか格安で借り受けます。それをさらに賃貸して、差額が三上さんの収入ということになります。「貯金を使いたくなかったし、融資も怖かったから」と本人は言いますが、確かにこれなら融資を引く必要はなく、売買の諸経費もかかりません。リフォームは必要最低限で、代わりに家賃は相場より低め。「あまりにボロい場合は格安の倉庫として貸し出す」と、意外と需要があるのだそうです。

郵便ポストが塞がれていたり表札がなかったり、「空き家って見ればなんとなくわかる」そうです。持ち主にどうやってコンタクトするかというと、その隣や向かいの家をピンポンして連絡先を教えてもらいます。「近隣の方って根本的に、自分の家の周りが空き家であることを快く思ってないので、協力してくれることが多い」のだとか。そして持ち主にたどり着いたら、あとは交渉次第。**「100件見つけたら、そのうち10数人くらいオーナーさんと連絡がついて、そのうち3、4人くらいが貸してくれる」**といいます。

　オーナーさんにとっても、ただ固定資産税を払いながら朽ちさせているだけの物件を、自分の持ち出しはゼロで格安とはいえ毎月収入になるというのは魅力なのでしょう。そうして2019年から投資を始めて、1年で20件というハイペースで物件が増え、今では噂を聞きつけたオーナーさんから「タダでもいいからもらってくれないか」なんて逆オファーが舞い込むこともあるとか。**「お金じゃなくて、ハートと度胸とパーソナリティで勝負」**する持たざる者の究極の投資術。僕も20歳若ければやってみたいと思いました（笑）。

1年で20件というハイペースで賃貸物件を増やし、物件詳細については「覚えきれていないかも（笑）」という三上さん。こちらは千葉県の戸建て賃貸の写真

巻末特典

聞くことリスト＆チェックリスト

物件を売買する仲介業者、現地の不動産業者、
管理会社に「聞くことリスト」、
物件を現地調査する際の「チェックリスト」などを
一覧にしてご紹介。聞くこと、チェックすることに
迷ったら、こちらを参考にしてみてください。

ダウンロード特典
こちらのQRコード、もしくはURLよりリストのPDFを
ダウンロードしてご利用になれます。
https://isbn2.sbcr.jp/11477

1 売買の仲介業者に聞くことリスト

販売を担当する仲介業者に、買い手として聞いておきたい基本的なリストです。
物件により興味をもったら、次ページの「さらに踏み込んで聞くことリスト」や
313ページの「現地の不動産業者に電話で聞くことリスト」から電話リサーチを！

1	所有者の売却理由
2	問い合わせがあったり、買いたい人は現れたりしているか？ 買い手希望者の反響
3	ライフラインについて（公営水道・井戸／本下水道・浄化槽・ 汲み取り式／プロパン／高架水槽・揚水ポンプ・加圧式など）
4	設備の詳細（洋式トイレか、洗濯機置き場は屋内か、風呂は追い焚きかなど）
5	空室のリフォーム状況
6	土地の実勢価格、路線価はいくらか？
7	接道状況（接道義務を果たしているか、セットバックは必要か、 私道であれば持分は？）

8	建ぺい率、容積率
9	都市計画の区域区分と用途地域の種類
10	法令上の制限（都市計画法、建築基準法、土地区画整理法、景観法など）
11	重要事項の告知義務はあるか？
12	大規模修繕履歴について（いつ外壁塗装や屋上防水をしたかなど）
13	土地の地目（宅地、畑、田、山林かなど）と過去の利用状況
14	駐車場の数、近隣の月極駐車場の相場と空き状況、自転車置き場はあるか？（充足率についても）
15	バス停までの距離や便数について
16	建物はハウスメーカーの規格か、それとも在来工務店の建築か？
17	価格交渉の余地はあるか？
18	固定資産税評価額や固定資産税と都市計画税の税額について
19	平坦地か傾斜地か、擁壁はあるか、崖地は迫っていないか、日照はどうか？
20	隣地とのもめごとの有無、境界は確認できる状況か？
21	ハザードマップのエリア内か？（自然災害の履歴など）
22	地中埋設物はないか？（可能性も含めて）
23	「周知の埋蔵文化財包蔵地」ではないか、区域外でも隣接していないか？
24	アスベストの使用状況について
25	建物の状態（外壁や基礎にクラックはあるか、雨漏りはあるかなど）
26	レントロール（契約期間や賃料、空室状況など）

2 売買の仲介業者にさらに踏み込んで聞くことリスト①

「物件購入を前向きに検討したい！」と思えたら、
再度、仲介業者の販売担当に質問です。
物件の資料や設備、修繕履歴などを詳細にチェック！

1	売主の背景は？（プロファイルから交渉の糸口を探る）
2	建築確認通知書、検査済証はあるか？
3	建物が建築基準法などの法令を遵守しているか？
4	土壌汚染はないか？
5	手付金の額やローン条項（融資不可のときの契約解除）の受け入れなど
6	配置図、建物図面、現況平面図、公図、地積測量図はあるか？

2 売買の仲介業者にさらに踏み込んで聞くことリスト②

7	登記簿謄本（全部事項証明書）はあるか？
8	固定資産税や都市計画税の評価証明書、納税通知書の確認
9	新築時のパンフレットや募集リーフレットはあるか？
10	建物竣工図はあるか？（配管、配線の記録は改修に役立つ）
11	越境物の有無（隣地による敷地内埋設管等の利用があるか）
12	電気の状況（キュービクル式高圧受電設備があれば詳細も）
13	プロパンガスの場合、設備貸与契約書（償却期間）など
14	都市ガス調査回答書はあるか？（埋設ガス管の把握に役立つ）
15	受水槽や浄化槽の点検や清掃履歴、費用など
16	簡易専用水道検査結果書はあるか？（10㎡を超える受水槽 / 年1回）
17	消防用設備等点検結果報告書・実施報告書・費用など
18	各世帯に住宅用火災警報器は設置してあるか？
19	修繕記録はあるか？（エアコンや給湯器の交換履歴など）
20	テレビ共聴方式（アンテナ、ケーブル）や維持費など
21	インターネット回線は導入済みか？
22	屋根の修理は必要か？（防水対策は緊急に必要か）
23	管理形態は？（自主管理、管理委託、サブリース）
24	管理会社による定期清掃、点検報告書はあるか？
25	自治会費の制度があれば、詳細など
26	過去の事故、事件、トラブル、クレームの履歴
27	ペット可ならその規約
28	店舗、事務所利用があれば規約と利用実態（火災保険料に影響）
29	滞納者、不良入居者、反社会的勢力の有無
30	家賃保証会社、家賃収納代行会社の利用は？
31	管理会社への委託内容（管理料など）、管理会社の変更に必要な手続きなど
32	長期修繕計画はあるか？
33	各世帯の借家人賠償責任保険の加入状況（更新はされているか？）
34	物件のランニングコストについて
35	敷金（保証金）の引き継ぎ方について

3 現地調査のチェックリスト①

いよいよ現地に出向いて、自分の目で物件の状況を確認します。
機会があれば、近隣住民への聞き込みやリフォーム費用の見積もりも。

	外　観
1	駐車場は何台分か、タイヤ止めはあるか？　表層の状態など
2	駐車場の台数は増やせるか？（電柱、植栽、塀の移設や撤去を検討）
3	基礎に大きなヒビはないか？
4	共用廊下の天井（軒天）の状態（垂れ下がっていないかなど）
5	窓やひさしなどに傷みがないか
6	手すりやバルコニーの状態（破損やサビはないか）
7	階段は良好か？（踏板の強度、サビ、揺れ具合、劣化、破損）
8	屋根の種類（瓦、スレート、金属、コンクリート）と状態
9	アンテナの位置と状態など
10	プロパンガス会社、ボンベ置き場は？（ボンベ庫を検討）
11	面格子はあるか？（キッチン小窓など、防犯対策として）
12	敷地の土の部分を確認（除草剤の散布エリアとなるため）
13	給湯器の製造元や年式（型式）を確認
14	浄化槽や汚水タンクの位置と状態など（ブロアモーター年式も）
15	共用灯の位置／数量の確認、LED 化を検討（防犯と節電）
16	外壁の状態（クラック、浮き、継ぎ目の劣化など）
17	建物や敷地の苔／カビの有無（水はけや日当たりを確認）
18	境界の確認（杭、標、金属鋲など）
19	バイク、自転車置き場の位置と状態（放置自転車など）
20	エアコン室外機の位置と状態など
21	敷地内の放置物（放置車両、古タイヤ、粗大ゴミなど）
22	高圧受電設備の位置と状態など
23	露出配管の位置、用途、状態など
24	井戸ポンプ、高架水槽、揚水ポンプ、加圧タンク、受水槽の位置と状態など
25	エレベーターの位置と状態など
26	郵便ポストのデザインや機能など（宅配ボックスを検討）
27	防犯カメラやオートロック機能の位置と状態など
28	門、塀、フェンスのコンディション
29	全体の印象はどうか？

3 現地調査のチェックリスト②

	そのほか
30	臭気の確認（カビ、畜産場の臭気など）
31	バス停や駅までの実際の時間（時刻表も確認）
32	生活利便施設や競合物件の確認（競合物件の数、入居状況など）
33	敷地内に電力柱や電信柱はあるか？（電柱番号を確認）
34	ゴミステーションの位置と状態など
35	擁壁は役所で検査済証を確認 （宅地造成工事規制区域内 1m 超 / 区域外 2m 超が対象）
36	近くに鉄塔、高架道路、高架線路、鉄道、幹線道路はあるか （日照 / 騒音 / 汚染 / 安全性など）
37	周辺の電柱、門扉、ブロック塀に傾きはあるか？

	室　内
38	建具の開閉はスムーズか？ （戸車、敷居滑り、ヒンジの不具合や鴨居の下がりがないか）
39	床鳴りはしないか？（元押入れだったクローゼットは床強度を確認）
40	掃き出し窓まわりの床の状態
41	エアコン、キッチン、洗面台、便座、換気扇、照明器具の機能や状態
42	浴室鏡の状態（ウロコ汚れや劣化など）
43	シャワーヘッド・ホース、蛇口・パッキン・コマ、洗濯水栓金具の状態
44	洗濯機の排水トラップや防水パンの位置と状態
45	ドアノブ、取っ手、タオルハンガー、カーテンレールの状態
46	窓ガラスとゴム部分、窓の木枠、網戸と押さえゴム、襖、障子の状態
47	鍵やクレセント錠の状態
48	雨漏り跡はないか？
49	壁、天井、床面、畳の状態
50	大幅な間取り変更や和室の洋室化をイメージする
51	設備の状態と検討事項（Wi-Fi、モニターフォン、電子ロック）
52	契約アンペア数（低い・古いものは改善を検討）

4 現地の不動産業者に電話で聞くことリスト

物件購入の前に、現地の不動産業者にも電話でインタビューをします。
ゆくゆくは入居者紹介もお願いしたい可能性があることも伝えて、
現地の賃貸状況を教えてもらえるようお願いしてみましょう

1	単身者とファミリー向けのどちらが人気か？
2	駐車場ニーズは？　月極の相場や空き情報について
3	電車やバス便の利便性について
4	人気のリフォームメニューと概算費用は？
5	賃貸が見込める施設、大学、工場と状況は？
6	土地柄や入居者ニーズ（満足度の高い条件や設備）など
7	各間取りの家賃相場は？
8	敷金、礼金、フリーレント、広告費の相場は？
9	ズバリ！　空室を早く埋める方法は？
10	災害ハザードエリアについて
11	このエリアでの購入を勧めるか、勧めないか？　アドバイスなど

5 管理会社に聞くことリスト ①

入居者の募集や対応、物件のメンテナンスなどを行ってくれる
管理会社は、購入した物件を運営していくためのパートナーです。
パートナーにお願いできる内容を把握しておきましょう。

1	インターネットでの募集方法について（サイト名など）
2	店頭では、どのような募集を行っているか？
3	現地で募集幕、看板、のぼり旗は出しているか？
4	地域情報誌やフリーペーパーの募集（と反響）はあるか？
5	内見の案内やその結果の報告はあるか？
6	モデルルーム化など、空室を埋めるメニューはあるか？
7	家賃保証会社は利用しているか？
8	連帯保証人制度は採用しているか？
9	定期借家契約は導入しているか？

5 管理会社に聞くことリスト②

10	借家人賠償責任保険の内容と加入状況など
11	賃料明細の発行や家賃振込のスケジュールは?
12	滞納の督促マニュアルはあるのか?
13	入居時の鍵交換は、入居者負担(特約付帯)か?
14	退去清掃費は、入居者負担(特約付帯)か?
15	原状回復のマニュアルはあるか?(負担割合など)
16	定期巡回/報告はあるか? 定期清掃の費用は?
17	契約外の駐車、駐輪、放置車両への対処法は?
18	掲示板は管理するか?(内容の確認や更新など)
19	浄化槽メンテナンスの頻度と料金は?
20	受水槽、高架水槽の清掃頻度と料金は?
21	地下水(井戸)の水質検査の料金(年1回)は?
22	エレベーターがあれば定期点検、消耗品交換の取次、料金は?
23	消防用設備等法定点検(半年ごと)の料金は?
24	営業時間外のクレーム対応方法は?
25	管理対応の記録は社内で共有する仕組みか?
26	原状回復を含めたリフォームをオーナー側で手配できるか?
27	オーナー手配の工事の立ち会い、報告は可能か? 立ち会い費用は?
28	管理委託の契約期間は何年か?
29	借家人が契約内容に違反した場合、文書により催告をして 何日以内に違反状況が回復、または回復のための行動を開始しない場合は 無条件で契約解除となるか?
30	管理手数料はいくらか?(または家賃の何%)
31	オーナーに事後報告(緊急対応)とする金額の上限は?
32	オーナーが入居者を連れてくることは可能か? 手順やかかる費用は?
33	業歴、管理棟数、戸数、社員数、管理物件の入居率について
34	賃貸仲介、売買仲介、開発と分譲のうち、主な業務は?
35	管理物件の敷金、礼金、広告費、フリーレントの相場は?
36	共用灯の交換料金は?(点灯管の交換や処分費を含む)

おわりに

もしも今の知識と経験があって、過去の自分にお金の稼ぎ方をアドバイスするとしたら——僕は迷わずに不動産投資を勧めることでしょう。それも**「高利回りの一棟アパート」**の一択です。「高利回り」であることは最もこだわるべき指標で、ここを間違えると投資のパフォーマンスが大きく変わってしまうため細心の注意が必要です。それから、

「できるだけ早く始めるように！」
「資金がないなら、まずは300万円を貯めるところから頑張れ！」
「一棟を手に入れるまで、一切のぜいたくをがまんしろ‼」

などと言い聞かせるでしょう。

僕が不動産投資を始めた2000年初めといえば、1990年代に起こったバブル崩壊のあと処理も末期にあり、不動産といえば「負の資産」の象徴ともいえる存在で、投資に対する拒絶反応が強く残っている風潮がありました。そんな当時、僕は自分で始めた小さな会社（輸入品の卸業）を経営していましたが、安定とはほど遠く、明日をも知れぬ危う

い綱渡りのような状態を続けていました。時間に追われて本を読む余裕すらなかったのですが、偶然立ち寄った書店で、なにげなく手にしたアパート経営に関する一冊の本（『サラリーマンの私が3年で2億円　驚異のアパート投資法』小川慎・著、あっぷる出版社※現在は絶版）が、僕のこれまでの運命を大きく変えることになりました。

「努力すれば誰でも大家さんになって、安定した収入が得られる」という話は、日々数字に追われて疲弊する僕の心に半信半疑ながらも小さな希望を灯しました。

次第に「不動産投資に挑戦してみたい」という気持ちに傾いていきましたが、アパートの買い方なんて、周りの人は誰も教えてくれません。またインターネットは今ほど普及しておらず、そこで情報を得るために「不動産」と名がつく本を片っ端から読み漁り、書籍で得た知識を頼りに、恐る恐るこの世界に飛び込むことになりました。

資料はＦＡＸでもらうのが当たり前でしたので、机の周りは紙の資料であふれ返っていたことが今となっては懐かしい思い出です。たくさんの物件資料に目を通し、わからないことはすぐに業者さんに電話をする……そんなことを繰り返しながら、これまで知らなかった不動産についての知識を深めていきました。この本の肝ともいえる「高利回りの一棟アパート」を買って大家になるやり方も、このときの経験から学んでいます。

世の中には、「不動産投資」についても無数のやり方があって、どの方法を取るべきかは、その人の状況によって千差万別です。

僕の提唱するやり方は、不動産とは縁もゆかりもない人、もっと言ってしまうと〝**資産家とは対極にある人**〟**が大家になるための実践的な方法**です。

持たざる者がこの世界でのし上がるためには、ある程度のリスクは覚悟が必要で、本書では効率（利回り）を重視していますが、はたから見たら、築古のものや地方という立地が、危なげに映るかもしれません。

しかし20年にわたり、不動産投資を続け、また僕の本を頼りに実践された大勢の大家さんの大きな成功を目の当たりにして、**築古も地方も含めてリスクはコントロールすることでミニマイズすることが可能だ**と改めて感じています。

本書に記したリスクをコントロールするための方法は「最短距離で資産家を目指す上で、試す価値のある有益な内容」だと強く自負しております。

「大家になったらどんなふうに過ごそう」と考えるよりも、まずは自由になる時間や安定した収入を得てから、その人が目指したい、進むべきさまざまな世界を展開していけばいいと考えます。

家族を幸せにしたい人、世の中のために貢献したい人、人生をさらに充実させたい人……。僕自身がそうだったように、不動産投資家を目指すことは、こうした目標をいち早く実現できる大きな可能性を秘めていることを知ってほしいと思います。

不動産投資家になる選択肢は、誰にでも用意されていて、始めるに当たって遅すぎることはありません。

本書が、不動産投資の効率的なやり方を必要とする、すべての人の助けになることを祈っています。

最後になりましたが、この本を手にしてくださったみなさま、「まずはアパート一棟、買いなさい！」プロジェクトに携わってくれたみなさま、大家の仲間たち、家族をはじめ、お世話になったみなさまへ心より感謝申し上げます。誠にありがとうございました！

石原博光

2021年9月　カリフォルニアの自宅書斎にて

本書は、２０１６年に刊行された
『［新版］まずはアパート一棟、買いなさい！』を
加筆・修正して大幅に改訂したものです。

石原博光（いしはら・ひろみつ）

1971年生まれ。米国の大学を卒業後、都内の商社に勤務。1997年、26歳でまったくのゼロから貿易会社を創業。輸入品の販売、プロテイン等のメーカー（売却）、飲食店の経営（撤退）を経験し、今に至る。2002年にわずかな元手で不動産投資を開始、短期間で7棟72世帯、年間家賃5000万円に達し、粗利60%を叩き出す。その手法を著した『まずはアパート一棟、買いなさい！』を小社より2010年に出版。改訂版も刊行されロングセラーとなる。その後4棟を売却した資金で、2012年よりカリフォルニア州で不動産投資事業を始める。2014年には永住権を取得し、現在はアメリカ在住。CA州の不動産仲介業（リアルター）の資格を所有。現在は日本で43室、アメリカで6棟を所有する。

オフィシャルサイト　http://ebisunoi.com/
YouTubeチャンネル「不動産投資家 石原博光です！」

[最新版]《さいしんばん》まずはアパート一棟《いっとう》、買《か》いなさい！

資金《しきん》300万円《まんえん》から家賃年収《やちんねんしゅう》1000万円《まんえん》を生《う》み出《だ》す極意《ごくい》

2021年9月28日　初版第1刷発行
2024年6月12日　初版第7刷発行

著者	石原博光
発行者	出井貴完
発行所	SBクリエイティブ株式会社 〒105-0001　東京都港区虎ノ門2-2-1
印刷・製本	中央精版印刷株式会社
ブックデザイン	大悟法淳一、大山真葵（ごぼうデザイン事務所）
組版	アーティザンカンパニー株式会社
イラスト	森林じゃもか
執筆協力	芥川和久

本書をお読みになったご意見・ご感想を下記URL、
または左記QRコードよりお寄せください。
https://isbn2.sbcr.jp/11477/

ISBN 978-4-8156-1147-7